PERDI UMA PARTE DE MIM
e renasci

Copyright da presente edição © 2021 by Editora Globo S.A.
Copyright © 2021 by Paola Antonini

Todos os direitos reservados.
Nenhuma parte desta edição pode ser utilizada ou reproduzida — em qualquer meio ou forma, seja mecânico ou eletrônico, fotocópia, gravação etc. — nem apropriada ou estocada em sistema de banco de dados sem a expressa autorização da editora.

Texto fixado conforme as regras do Novo Acordo Ortográfico da Língua Portuguesa (Decreto Legislativo nº 54, de 1995).

Editor responsável: Guilherme Samora
Editora assistente: Gabriele Fernandes
Preparação: Ariadne Martins
Revisão: Adriana Moreira Pedro e Jaqueline Martinho dos Santos
Foto de capa: Cauê Moreno
Design de capa: Guilherme Francini
Projeto gráfico e diagramação: Douglas K. Watanabe

CIP-BRASIL. CATALOGAÇÃO NA PUBLICAÇÃO
SINDICATO NACIONAL DOS EDITORES DE LIVROS, RJ

A64p

    Antonini, Paola
        Perdi uma parte de mim e renasci / Paola Antonini. — 1ª ed. — Rio de Janeiro: Globo Livros, 2021.

        ISBN 978-65-5567-035-6

        1. Antonini, Paola. 2. Pessoas com deficiência física — Biografia — Brasil. 3. Amputações da perna. I. Título.

21-74051
                       CDD: 920.9362430981
                       CDU: 929-056.26(81)

Camila Donis Hartmann — Bibliotecária — CRB-7/6472

1ª edição, 2021

Editora Globo S.A.
Rua Marquês de Pombal, 25
Rio de Janeiro, RJ — 20230-240
www.globolivros.com.br

PERDI UMA PARTE DE MIM
e renasci

PAOLA ANTONINI

GLOBOLIVROS

*Aos meus pais, Diva e Antonio Tadeu,
que sempre me criaram com valores lindos
sobre família e amor e sempre me encorajaram
a acreditar nos meus sonhos e a ir além
do que eu mesma acreditava ser capaz de alcançar.
Aos meus irmãos, Cristiano e Antonio Tadeu.
Ao meu tio Edson e à minha avó Desy.
À Fê, grande amiga que foi minha base em muitos dos
momentos mais difíceis da minha vida.
Às minhas amigas queridas VPS.
À Simone.
Ao Arthur e à Rosângela.
Ao Fabricio, aos médicos e a todas
as equipes de enfermeiros, técnicos de enfermagem
e psicólogas dos hospitais por que passei.*

Sumário

Introdução   8

Momentos   12
27 de dezembro de 2014: o dia do meu renascimento   26
Depoimentos dos meus pais — Parte 1   40
Mudanças fazem parte da vida   48
A primeira prótese   56
O início das aventuras   62
Lidar com o novo não é uma receita de bolo   66
Sobre amor: Arthur   70
Aprendendo a amar o meu novo corpo   84
Minhas próteses brilhantes e coloridas   94
Sobre procedimentos estéticos   100
Aproveite a caminhada   104
Viva intensamente e com paixão   108
Amor-próprio e autoconhecimento   114
Desacelere!   126
Não se entregue ao medo   138
Grandes oportunidades nos momentos mais inesperados   146
Minha experiência com Deus   152
Depoimento dos meus pais — Parte 2   178
Concretizando o meu propósito   184

Agradecimentos   194

Introdução

Quando resolvi escrever um livro, eu sabia que queria deixar o meu coração nele. Queria contar sobre a minha história de uma forma que nenhuma outra pessoa conhecia. Uma história que teve inúmeros desafios e momentos difíceis, mas que também foi repleta de alegrias e do principal: de amor. Desde pequena, sempre li sobre o amor e sobre a sua capacidade de transformar pessoas e vidas, mas só aprendi de verdade sobre ele aos vinte anos, quando passei pelo momento mais difícil da minha vida.

Ao escrever um livro aos 27 anos, me peguei pensando em incontáveis momentos: "Mas como vou escrever falando sobre a vida para tantas pessoas que muitas vezes passaram por situações ainda mais desafiadoras do que eu passei?". Eu não tinha grandes feitos, bens materiais, conquistas ou prêmios, mas tinha algo que considerava mais valioso — principalmente nos tempos atuais — uma vida simples e feliz.

Eu não queria falar sobre uma vida perfeita ou sobre alguém que superou as adversidades de forma constante e sempre feliz, mas queria mostrar como transformei o momento mais difícil da minha vida na grande oportunidade dela, usando apenas alguns aprendizados simples e que no fundo todos sabemos, mas que constantemente nos esquecemos de colocar em prática.

Depois de sofrer um acidente e ser atropelada na porta da minha casa aos vinte anos, me vi com a grande responsabilidade de lidar com todas as mudanças que aconteceriam a partir dali. Tive a minha perna esquerda amputada e, logo nos primeiros dias que se seguiram, já me vi na posição de tomar uma decisão que faria a minha vida antes daquele dia se tornar apenas uma lembrança distante. Eu tinha perdido a minha perna, isso era um fato. Mas como reagiria a isso cabia somente a mim e a como eu decidiria viver a partir do dia 27 de dezembro de 2014.

Hoje, sete anos após sofrer a minha amputação, vejo que a forma como resolvi encarar aquela situação difícil fez toda a diferença. Aos poucos, fui conhecendo um mundo totalmente novo para mim. A vida, com certeza, por mais que eu tivesse perdido uma perna, se tornou muito mais colorida, muito mais especial e com muito mais propósito. Cheguei a lugares que nunca imaginaria, conquistei todos os meus maiores sonhos e tenho certeza de que nada disso teria acontecido se, desde o início, eu não tivesse decidido encarar aquela notícia com otimismo.

A positividade, a minha fé e a gratidão pela minha vida me possibilitaram ter a vida que sempre sonhei, mas que não imaginava conquistar nem nos meus melhores sonhos. E, hoje, se me perguntam: "Paola, se pudesse você voltaria atrás e teria a sua perna de volta?". Eu digo com toda certeza que não voltaria. Perdi uma perna, mas ganhei asas. Asas para ir além e viver uma vida na qual a palavra "impossível" não existe mais.

Espero que este livro proporcione a você experiências lindas. Alegrias, esperança, e que, acima de tudo, você consiga tirar algo de positivo das próximas páginas. Que viva a vida com mais leveza, com mais otimismo e acreditando que, mesmo difícil e repleta de obstáculos, a nossa vida é linda e vale a pena. Te prometo isso.

Saindo do bloco cirúrgico, ainda deitada na maca, observava tudo à minha volta e tentava encontrar algum rosto conhecido para me dizer o que tinha acontecido, até que vi a minha mãe, com um semblante preocupado.
    — Mãe, que horas são? — perguntei.
    — Onze horas da noite, Paola — ela respondeu.
    Fiquei um pouco confusa. Tinha entrado no bloco cirúrgico às nove da manhã, de acordo com a minha lembrança. O que poderia ter acontecido para eu só acordar catorze horas depois? Mas eu estava muito sonolenta para pensar em qualquer hipótese.
    — Mãe, colocaram vários pinos na minha perna?
    Ela relutou um pouco para responder e acabou desconversando.
    Ali, eu não fazia ideia do que estava acontecendo e muito menos do que estava por vir, mas a minha vida tinha mudado drasticamente. Eu nunca mais seria a mesma Paola, não depois do dia 27 de dezembro de 2014.

Momentos

"Sempre tive a certeza de que existe algo muito maior do que apenas o que vivemos na Terra."

PARA FALAR MELHOR SOBRE MIM MESMA, tenho que falar sobre o que veio antes de eu nascer. A minha história acontece desde muito antes de eu ter sido desejada, desde muito antes de os meus pais se conhecerem. Cada parte do que sou hoje passou de geração em geração. Veio dos meus antepassados, dos meus avós, até chegar aos meus pais: Diva e Antonio Tadeu. É por aí que a minha história começa.

Meus avós, Geraldo e Myres, sonhavam em ser pais, mas tiveram inúmeras complicações ao tentarem engravidar. Após duas perdas, sendo uma delas de gêmeos, minha avó decidiu fazer uma promessa para São Judas Tadeu e Santo Antônio, pedindo para que realizassem seu grande sonho. Foi então que, aos quarenta anos, ela engravidou do seu único filho, que nasceria em um lar repleto de amor e de muita expectativa. No dia 5 de setembro de 1955, em Belo Horizonte, nasceu o meu pai, Antonio Tadeu, que levou no nome uma homenagem aos dois santos.

Meu pai foi uma criança extremamente amorosa e cresceu em um lar que teve tudo o que ele poderia esperar: uma mãe professora, que ensinaria para ele sobre o amor incondicional, mas seria rígida para ensinar sobre princípios e limites, e um pai que era sinônimo de bondade, cuidado e serenidade.

Desde criança, meu pai sempre foi um dos melhores alunos da escola. Era brilhante em todas as matérias, especialmente nas de exatas, e assim decidiu entrar na faculdade de engenharia elétrica. Sempre foi muito estudioso, mas carregava com ele também o sonho de se tornar pai um dia. Até que, aos dezoito anos, ele foi surpreendido quando pegou caxumba. O vírus acabou se instalando nos testículos e, após uma série de exames, ele recebeu a notícia de que não poderia mais ter filhos, pois estava infértil.

Aquela notícia, ainda na juventude, havia caído como um balde de água fria para ele. Mas, apesar do diagnóstico de inúmeros e diferentes médicos, meu pai me conta desde criança que, por mais que os médicos desacreditassem que ele poderia ser fértil novamente, havia alguém sempre dizendo ter a certeza de que ele conseguiria, essa pessoa era o meu avô Geraldo.

Eu não cheguei a conhecer o meu avô paterno, ele faleceu quando meu pai ainda era jovem, mas cresci ouvindo alguns conselhos que meu pai aprendeu com ele e passou para mim. Um deles era: "Em briga de razão e coração, sempre coloque a razão na frente" — o que demorei a realmente colocar em prática. Nunca entendia, quando era mais nova, do porquê de não colocarmos sempre o nosso coração acima de toda decisão que tomássemos.

As referências que tive do meu avô Geraldo foram as mais especiais, assim como as que tive da minha avó Myres. Minha avó, aos sessenta anos, quando meu pai tinha apenas vinte, começou a desenvolver certo tipo de demência que se assemelhava muito ao Alzheimer. Mesmo assim, cheguei a conhecê-la e conviver com ela e fui a última pessoa de quem ela lembrou o nome. Ela tinha sido diretora de colégio, apaixonada por animais e já chegou a ter mais de vinte gatos em casa. Meu pai conta que por onde ela ia e encontrava animais de rua, não aguentava e os levava para sua casa. Alimentava-os, cuidava dos ferimentos e conhecia cada um por seu respectivo nome. Acho que acabei puxando dela o meu amor pelos animais.

Meu pai nasceu em um lar católico e, à medida que foi crescendo e tendo mais experiências com Deus, foi se tornando ainda mais religioso. Ele ia à missa todas as semanas, leu algumas vezes a Bíblia inteira e rezava algumas vezes por dia. Quando ele conheceu a minha mãe, se assegurou de que ela também tinha o sonho de ser mãe, porque era a maior vontade dele e, por mais que não tivesse certeza de que poderia ser pai, ele tentaria de todas as formas realizar aquele sonho.

Minha mãe era gerente de banco quando conheceu meu pai. Naquela época, ela era noiva e não só já tinha a data de casamento marcada como até mesmo o vestido comprado. Mesmo assim, foi só conhecer o meu pai que ela se apaixonou. Ela conta que sentiu algo diferente no momento em que o conheceu e, passadas algumas semanas, decidiu seguir o coração e romper o noivado.

Minha mãe cresceu em uma família um pouco diferente da do meu pai. Quando ela era ainda um bebê, a minha avó Desy, que não estava feliz no casamento, saiu de casa com ela nos braços e, levando todas as coisas que elas tinham, foram morar com a avó da minha mãe, Ruth. A referência de amor da minha mãe veio muito da avó dela. Ela me conta desde que eu era criança que elas eram grudadas, faziam tudo juntas. Ruth não media esforços para proporcionar tudo de melhor que minha mãe poderia ter, mesmo com a vida extremamente simples que elas tinham. Um dos programas preferidos que elas faziam juntas era ir a uma lanchonete, famosa na época, chamada Doce Docê, para comer a coxinha de frango com catupiry, inventada naquele local. Por mais que não tivesse condições de comprar sempre uma coxinha para cada uma, Ruth comprava uma para que minha mãe comesse.

A história da minha mãe, assim como a do meu pai, foi marcada por uma perda triste e quando ainda era muito jovem. Quando ela tinha onze anos, a avó dela faleceu em decorrência de um câncer de ovário. Aquela situação marcaria para sempre o momento de maior dor na vida da minha mãe, em que sua maior referência de amor já não estava mais ali fisicamente. Mesmo assim, isso não impediu que minha mãe vivesse sua vida da melhor forma que pudesse. Ela tinha muitos sonhos, gostava de se aventurar, de viver novas experiências, mas sempre guardava dentro de si o grande sonho de se tornar mãe.

Um ano após os meus pais se conhecerem, eles decidiram se casar. O que ela não sabia era que, naquele casamento em setembro de 1993, ela já estava grávida de mim. Em outubro, depois de perceber alguns sinais no próprio corpo, ela decidiu avisar ao meu pai que desconfiava estar grávida, o que foi motivo de extrema felicidade e comemoração por um milagre que havia acontecido na vida deles. Depois de exames com resultados positivos, eles foram fazer o primeiro ultrassom. Para imediato susto, a médica contou para eles que, por mais que houvesse batimento cardíaco, o meu coração batia muito fraquinho, então que eles deveriam esperar até a semana seguinte para saber se a gravidez teria continuidade ou não. Minha mãe conta que, ainda que meu pai tivesse ficado extremamente apreensivo, ela nunca teve dúvidas de que daria certo.

Na segunda-feira da semana seguinte, eles chegaram ao hospital para fazer aquele exame decisivo e, quando a médica foi tentar ouvir o meu coração, meu pai conta que eles começaram a ouvir um alto e forte som: "tum-tum, tum-tum". Naquele exato momento, além de muito choro de emoção, ali souberam que estavam realizando o maior sonho da vida deles. E foi assim que a minha vida começou.

Alguns meses mais tarde, no dia 19 de maio de 1994, eu nasci. Fui fruto de uma relação que me desejava muito, então cresci em uma família extremamente amorosa. Nasci no signo de touro com ascendente em câncer e lua em virgem. Posso te falar meu mapa astral completo, mas talvez você não seja aquele leitor que realmente acredita em astrologia (risos). Então, vou contar sobre quem sou de outra forma, falando um pouco da minha infância e de tudo que me fez ser quem eu sou hoje.

Minha mãe, com 25 anos na época, mesmo com o sonho de conhecer o mundo, abandonou a faculdade de comércio exterior e o trabalho como gerente de banco para cuidar de mim. Ela queria se dedicar totalmente à tarefa de mãe e assegurar que eu teria a melhor criação que ela pudesse me dar. O meu pai trabalhava com comércio exterior, e a vida dele, quando não era ficar no escritório e viajar pelo mundo, era ficar no telefone resolvendo questões de trabalho. Mesmo assim, ele sempre se fez presente na minha vida e passava todo o tempo livre em família.

Um ano e dez meses mais tarde, chegou o meu irmão, Antonio Tadeu Filho. Crescemos com uma pequena diferença de idade, então todas as memórias que tenho de infância o incluem. Minha mãe, desde que ele nasceu, decidiu me envolver em todas as funções e conta que eu, mesmo pequena, ficava sentada observando ele dormir para ela poder tomar banho. Dessa forma, eu sempre me sentia cuidando de um bebê e acabei nunca sentindo de fato ciúmes. Pelo contrário, sempre achei que tinha ganhado um boneco e o que mais me fazia feliz era ficar olhando para ele. Ele sempre foi o meu melhor amigo. Brincávamos juntos, fazíamos todas as tarefas juntos e até dormíamos juntos. Assim, criamos um laço muito forte.

Cresci aprendendo a amar e a tratar bem os animais e as plantas. Normalmente, a primeira palavra que quase todo bebê fala é "mamãe" ou "papai", mas comigo foi diferente. Quando eu era um bebê, ficava puxando e arrancando as plantas da nossa casa, e, quando meu pai via aquilo, ele sempre falava:

— Paola, não pode arrancar as plantinhas. Carinho, carinho na plantinha.

Então foi assim que a primeira palavra que eu falei na minha vida foi "carinho". Bem, provavelmente fui o único bebê do mundo a falar essa primeira palavra, mas foi assim que, desde pequena, aprendi como deveria tratar tudo à minha volta: com carinho.

Seis anos mais tarde e para surpresa dos meus pais, minha mãe engravidou de mais um menino. Em homenagem a Jesus Cristo, meus pais decidiram chamá-lo de Cristiano. Quando o Cris nasceu eu já tinha oito anos, então acabei me sentindo quase como uma mãe. De repente, todos os meus hobbies e brincadeiras se tornaram bobos perto do que era cuidar do Cris. Eu amava trocar as fraldas, cuidar dele, trocar a roupinha e segurar ele no meu colo. À medida que ele ia crescendo, eu ia me sentindo quase como brincando de boneca. O Cris veio e, junto com ele, uma nova família nasceu. Era como se os dias fossem ainda mais alegres e leves com ele. Desde criança, falava muito de Deus e sempre nos dizia frases de amor e carinho.

Como minha mãe decidiu se dedicar totalmente à maternidade, acabamos tendo uma mãe extremamente presente, cuidadosa e amorosa. Ela nos ensinou a rezar e a conversar com Deus todas as noites. Me lembro até hoje da oração que fazíamos juntos antes de dormir. Ela nos ensinou a sermos verdadeiros com ela e que poderíamos compartilhar de tudo, pois ela sempre tentaria compreender os nossos motivos. Minha mãe não era de brigar muito. Ela também nunca foi muito de falar palavras de amor. A linguagem de amor dela era o diálogo, o cuidado e os serviços em casa. Ela sempre falava o quão especiais éramos e como tudo que fazíamos era bem-feito.

Grande parte do que sou hoje, devo a minha mãe. Ele me ensinou tudo o que sei sobre a vida e sobre o amor incondicional.

Ela mostra força na delicadeza. Ela nos levava na escola todos os dias, fazia jantar, levava ao médico, à aula de inglês, ao balé, à natação, ao tênis e ao futebol. Ela estudava junto e estava presente em tudo que precisássemos. Minha mãe viveu para ser mãe e viveu dedicando todo o tempo que ela tinha para a gente. Até mesmo quando crescemos e começamos a ir para festas de madrugada, em grande parte das noites era ela quem saía para buscar a gente de carro. Ela é, sem dúvida, a pessoa mais importante para mim e que faz a minha vida ser ainda mais especial e completa. Pode parecer clichê, mas sei o tamanho da minha sorte de ter sido escolhida para ser filha dela.

Acabei praticando quase todos os esportes durante a minha infância e adolescência. Balé, natação, vôlei, handebol, ginástica rítmica, ginástica olímpica, até descobrir uma paixão pelo tênis. Eu e meu irmão começamos a competir no tênis e passamos a viajar por todo o Brasil para jogar nos campeonatos. Uma das maiores lembranças que tenho da minha família é das viagens que fazíamos durante todo o mês de janeiro pelo Nordeste do Brasil para competir. Provavelmente, fizemos essa mesma rota por cinco anos. Enquanto meu irmão Antonio realmente competia e acabou se tornando um dos melhores do Brasil da idade dele, eu jogava mais por hobby. Aplaudia as jogadas bonitas das minhas adversárias e não ficava triste com minhas derrotas, pelo contrário, gostava mais da experiência por si só do que da competitividade.

Outra grande parte das lembranças que tenho da minha infância e adolescência aconteceram na casa de campo dos meus pais, que ficava em uma cidade há cinquenta minutos de Belo Horizonte, chamada Lagoa Santa. Meu pai havia comprado essa casa antes mesmo de conhecer a minha mãe, e íamos para lá todos os finais de semana. Aquela casa era para ser um refúgio de todo o estresse e movimento da cidade grande. Enquanto fomos crescendo, meus pais fizeram uma horta linda naquela casa e foram plantando árvores de frutas por todo o quintal: romã, carambola, fruta do conde, acerola, coco, jabuticaba, manga e até jaca. Crescer em uma casa com tanta área verde com certeza nos fez dar um valor ainda maior para a natureza e esses momentos com o pé na grama.

Em grande parte das manhãs por lá, acordávamos e íamos direto comer pão de queijo e tomar leite com achocolatado. Logo depois, saíamos de casa para colher frutas das árvores ou legumes e verduras da nossa horta. Naquela casa também nunca faltaram animais, e acho que boa parte do meu amor pelos bichos nasceu ali. Me lembro de quando era criança e nossos cachorrinhos tinham filhotinhos, passava o dia inteiro olhando para aquela cena linda que era a nossa cachorrinha, Verusca, amamentar os filhotes. Eu ficava, da hora que acordava até a hora que ia dormir, ajudando-a e avaliando se todos os filhotes estavam bem e mamando.

Ainda em Lagoa Santa, meu pai construiu uma casa rosa enorme de madeira para eu brincar de bonecas. Nossa casa tinha piscina, área para jogar futebol, sinuca e, mais tarde, teve até quadra de tênis. Me lembro que, quase todas as noites de sábado, eu ajudava a minha mãe a fazer bolinho de chuva. Na época chamávamos esses bolinhos de rosquinhas. O sabor de rosquinhas muito provavelmente é o sabor que mais remete à minha infância. Crescer naquela casa foi um sonho de infância. Me fez cultivar o amor por animais, me fez brincar na grama e me sujar inteira rolando pela grama. Me fez valorizar a natureza e valorizar mais ainda a relação com os meus irmãos e com os meus pais.

Cresci valorizando as coisas mais simples da vida. Eu me encontrava na natureza e, sempre que precisava de respostas ou de clareza para alguma questão, era só eu sentar na grama e olhar para o céu que tudo fazia sentido. Desenvolvi um amor pela lua e pelas estrelas e adquiri o costume de, todas as noites antes de dormir, ouvir uma música e ficar olhando para aquela imensidão em cima da gente e que guarda tantos mistérios. Assim, sempre tive a certeza de que existe algo muito maior do que apenas o que vivemos na Terra.

A complexidade dos seres humanos, da nossa consciência e o sentido da vida sempre foram questões para mim. Sempre busquei respostas e saber qual, de fato, era o meu propósito por aqui. Eu sabia que existiam assuntos importantes como o nosso trabalho, a economia, a política, mas ao mesmo tempo me pegava perplexa sobre como as pessoas poderiam viver pensando só nessas coisas, em vez de também se conectarem com a espiritualidade que existe em tudo ao nosso redor. Questões como "por que estamos aqui?" e "o que acontece depois dessa vida?" sempre estiveram presentes em meus pensamentos.

Desde que me entendo por gente, uma frase sempre me acompanha: me sinto um peixinho fora d'água. Por muito tempo, achei que isso fosse um grande problema. Ainda adolescente, sofri sem entender o porquê de eu ser tão diferente de todos à minha volta. Eu entendia que os prazeres do mundo eram legais, mas outras questões falavam mais forte dentro do meu coração. No fundo, eu sempre senti que, mesmo me dando bem com todos ao meu redor, eles não eram exatamente como eu.

Na escola, eu tinha um grupo de amigos que eram extremamente inteligentes. Eu não era estudiosa como eles, mas eles estudavam comigo e me ajudavam a tirar notas boas. Tínhamos uma amizade muito especial. Na adolescência, acabei sendo um pouco atrasada em relação às outras meninas da mesma idade que eu. Era um pouco ingênua com a maldade existente no mundo e por várias vezes me pegava rindo olhando para o nada. Não sei dizer se sempre fui uma pessoa otimista, porque não pensava de fato nisso, mas eu sempre fui uma pessoa leve e de bem com a vida. Eu sabia que jamais seria capaz de fazer mal a alguém e, se visse alguém fazendo, repreenderia na hora.

No primeiro ano do ensino médio, certo dia em casa, abri a revista que eu mais gostava de acompanhar e que lia semanalmente, a *Capricho*, e vi que eles tinham criado um concurso para escolher uma menina de cada estado para fazer parte da "Galera Capricho". Esse grupo de meninas faria parte da revista, testaria produtos e ajudaria em reportagens e produção de conteúdo. Aquilo parecia um sonho para mim, mas ainda distante. Mesmo sabendo que seria apenas uma garota de cada estado, eu não perdi as esperanças. Achava que eu poderia sim ser escolhida. Decidi então abrir o site e fazer a inscrição naquele mesmo dia.

Passei semanas aguardando alguma resposta, mas nem um sinal de ninguém da revista. Comecei a pensar que, com tantas inscrições, outra pessoa poderia ser escolhida no meu lugar. Até que um dia, enquanto estudava na casa de um dos meus amigos, o meu celular toca. Era um número de São Paulo. Atendi e, para a minha surpresa, era a repórter da revista *Capricho*, Karol, me contando que eu era uma das finalistas escolhidas e que só tinha mais algumas perguntas para me fazer antes de escolherem o grupo. Depois de quase uma hora de ligação, desligamos, e eu não sabia se tinha me saído muito bem, mas a partir daquele momento a única coisa que eu conseguiria pensar era em entrar para a revista.

Alguns dias depois, o meu telefone tocou de novo. Era a Karol. Ela começou com um tom sério e de repente veio a notícia: eu havia sido selecionada! Eu era a escolhida de Minas Gerais para fazer parte da revista que eu mais admirava. Aquilo parecia um sonho. E realmente era. Ali começou o meu sonho de trabalhar com o público e a minha paixão por escrever. Semanalmente, escrevíamos para o blog da revista, sempre pensando em temas pertinentes para as adolescentes da época. Participei de eventos, conheci bandas, recebi produtos para testar em casa. Eu estava mais feliz do que nunca!

Mesmo assim, por inúmeras vezes, eu era zombada na escola por colegas da mesma idade e mais velhas também, que diziam que eu era muito boba, que fazer parte da revista não era legal. Nunca me importei com o que as pessoas falavam. Eu sabia o quão feliz estava e tinha uma ideia do caminho que queria para a minha vida. Hoje, tenho uma gratidão imensa por ter me mantido forte e acreditado nas minhas convicções. Tenho gratidão por sempre ter lidado com tudo com tanta leveza, ou até mesmo com esse jeito bobinho. Acho que se não fosse por isso, talvez quando passasse por um momento muito difícil, eu não o enfrentaria de forma tão positiva, e minha vida poderia ter ganhado um rumo completamente diferente.

Cresci apreciando a minha própria companhia, vendo filmes, ficando em casa com meus cachorros, passando tempo de qualidade com a minha família, tendo contato com a natureza, lendo e viajando. Sempre apreciei ler sobre espiritualidade, signos e coisas esotéricas. Me pegava dançando sozinha, cantando no banho e criando cenários futuros na minha cabeça. Minha imaginação sempre foi extremamente fértil. Sempre fui sonhadora, acreditava em finais felizes e que tudo sempre daria certo no final. Ainda bem.

Meus pais contam que, desde criança, eu dizia constantemente para eles sobre o meu sonho de ser famosa. Enquanto crianças queriam ser cantores(as), atores, atrizes, modelos, youtubers, astronautas ou médicos(as), eu só queria ser famosa. Mas, aos dezessete anos, esse sonho de criança acabou ficando para trás quando eu vi que deveria tomar uma decisão sobre qual faculdade cursar e o que eu queria fazer no meu futuro. Já não pensava mais em ter uma vida de famosa, eu só queria encontrar o que faria o meu coração bater mais forte. Mas a verdade é que toda a experiência que vivi com a revista nunca tinha saído da minha cabeça.

27 de dezembro de 2014: o dia do meu renascimento

"Eu não sabia o que aconteceria com a minha vida a partir dali, mas sabia que estava pronta para encarar aquela grande mudança."

O ANO ERA 2014. Eu tinha uma vida comum para uma menina de vinte anos. Morava em um apartamento em Belo Horizonte com os meus pais, meus dois irmãos, Cristiano e Tadeu, e meu cachorro Buddy. Fazia cursinho na época, já que tinha resolvido trocar de curso na faculdade. Tinha cursado dois anos de administração, mas tinha, enfim, resolvido abandonar a faculdade e fazer o curso que eu sempre tinha sonhado em fazer: jornalismo.

Quando me formei na escola com ainda dezessete anos, tive muitas dúvidas sobre qual faculdade cursar. Em uma longa conversa com o meu pai, acabei chegando à conclusão de que administração era um curso que poderia ser melhor financeiramente, mas a verdade é que nunca tirei da cabeça o sonho de fazer o que de fato amava. Quando entrei no quarto período da universidade, vi que aquilo realmente não era para mim e senti estar pronta para decidir o que eu faria para o resto da minha vida.

Eu sempre fui muito comunicativa, falante, era estudiosa, adorava sair com os meus amigos, ir ao cinema e viajar. Eu sabia que se escolhesse algo para fazer para o resto da minha vida que envolvesse comunicação, as chances de eu me sentir feliz e realizada no futuro eram muito maiores. Por isso, o meu ano de 2014 acabou sendo, por diversos fatores, superintenso.

Não só tinha resolvido trocar de curso e tinha me dedicado por um ano completo aos estudos no cursinho, mas também, após algumas idas e vindas, tinha engatado um namoro com um garoto que havia conhecido no ano anterior, o Arthur.

Nosso relacionamento variava entre altos e baixos, mas após mais de um ano de idas e vindas, ele finalmente me pediu em namoro, no dia 15 de dezembro de 2014. Eu, claro, aceitei. Como tínhamos vários amigos em comum, tivemos a ideia de marcarmos uma viagem de Réveillon com uma turma de oito casais para uma casa de praia em Búzios, no Rio de Janeiro. Alugamos uma casa incrível na beira da praia, fizemos toda a programação e, enfim, quando faltavam poucos dias para a viagem, resolvemos os detalhes da nossa ida para Búzios.

Como era alta temporada e normalmente o preço das passagens de avião ficavam muito altas, resolvemos ir de carro até lá. O percurso daria aproximadamente oito horas, sem contar com o trânsito intenso. Fora todo esse trajeto, eu estava superanimada para a minha primeira viagem longa de carro, com as paradas para fazer lanches gostosos e com toda a paisagem até Búzios que sem dúvida seria linda. Combinamos de sair de Belo Horizonte no dia 27 de dezembro o mais cedo possível, assim conseguiríamos fugir um pouco do trânsito de final de ano, que costumava ser bastante intenso. Iríamos no carro eu, Arthur e nossos dois amigos Ricardo e Gabriel.

No dia 26 de dezembro, um dia antes da viagem, resolvi ir ao shopping comprar roupas novas para a virada de ano. Sempre tive essa tradição de que usar roupas novas no Réveillon atrairiam coisas boas para o ano seguinte. Sempre gostei de usar branco na virada também, então saí para encontrar uma roupa bonita e confortável para usar. Andei de loja em loja e acabei encontrando um short branco e uma blusa branca bordada que eu amei. Ficaria perfeita para a festa de Ano-Novo! Depois de concluir as compras, corri até minha casa para terminar de arrumar as minhas coisas para a viagem.

Como estava namorando havia onze dias, estava superansiosa para a nossa primeira viagem juntos. Mesmo assim, deixei tudo para a última hora. Claro que eu só começaria a arrumar a minha mala na noite anterior da viagem. Fiz a mala com um capricho que nunca tinha feito antes. Coloquei cada conjunto em um saquinho plástico, separei tudo de forma extremante organizada (e olha que sou muito desorganizada) e a partir dali era só esperar chegar o tão aguardado dia 27.

Quando completou dez horas da noite, o Arthur me ligou e me disse que alguns amigos dele que estavam indo para Búzios tinham dito que estavam pegando um trânsito muito intenso. Já que o fluxo de carros estava muito grande, em vez de oito horas até lá, os carros estavam gastando de dez a doze horas. Por isso, ele resolveu passar lá em casa para já colocar as minhas malas dentro do carro, então, no dia seguinte teríamos menos coisas para resolver e poderíamos pegar a estrada bem cedo. Ele chegou, desci com as minhas malas e, depois de colocar tudo dentro do porta-malas, nos despedimos e eu subi para me preparar para dormir. Combinamos de sair às seis da manhã, então eu precisava tentar dormir o máximo que conseguisse para estar descansada no dia seguinte e ajudar com o GPS.

Eu tenho hábito de, sempre que vou viajar para algum lugar, ficar antes me imaginando lá, encontrando as pessoas, conhecendo os pontos turísticos. Estranhamente, por algum motivo, naquele dia eu não conseguia me imaginar na viagem de Búzios. Eu não conseguia visualizar imagem alguma. No dia, isso não me gerou estranhamento, mas depois tudo fez sentido.

Quando foi onze horas da noite, Arthur me ligou dizendo que achava melhor, em vez de ele me buscar às seis da manhã, passar às cinco e meia. Dessa forma, muito provavelmente conseguiríamos evitar os horários de maior fluxo de carros. Deixamos combinado então daquela forma. Ele antes buscaria os meninos que viajariam com a gente e, por último, passaria para me buscar.

Tive muita dificuldade para dormir naquela noite. Virava de um lado para o outro e nada de conseguir pegar no sono. Logo concluí que era ansiedade para a viagem, então fui mexer um pouco no celular para me distrair. Antes de dormir, enviei uma mensagem para que o Arthur tomasse cuidado com o caminho até a minha casa, já que ainda estaria escuro e seria uma hora de pouco movimento na cidade. Depois de um tempo, acabei pegando no sono.

Acordei no dia 27 de dezembro às cinco da manhã, com o despertador. Coloquei um short jeans, uma blusa preta bordada e vesti minha bota preta de couro preferida. Peguei as minhas duas bolsas de mão, que tinham algumas coisas que eu havia esquecido de colocar na mala e um travesseiro. Fui ao quarto da minha mãe me despedir dela, como de costume, e fui até o elevador. O Buddy, meu cachorro, não saía da frente da porta do elevador. Ele deitou ali e, por mais que eu tentasse afastá-lo, ele não se mexia. Na hora, pensei que ele queria ir comigo, ou talvez ele não quisesse que eu fosse viajar, ou quem sabe até mesmo estava sentindo algo. Tive que pegar ele no colo e tirá-lo da frente do elevador.

Desci no elevador com bastante sono, já que era bem cedo. Cumprimentei o porteiro, Pedro, e me dirigi até o carro, que estava no acostamento da rua. Eu morava em uma das avenidas mais movimentadas de Belo Horizonte, e o meu prédio era o único prédio residencial de lá, mas aquela hora da manhã não havia movimento de carros.

Como tinha descido com muitas coisas na mão e o carro estava bastante cheio, Arthur perguntou se eu queria colocar as minhas bolsas de mão no porta-malas. Coloquei o travesseiro em cima do meu assento, cumprimentei meus amigos Gabriel e

Ricardo, que estavam nos bancos de trás do carro, e fui colocar uma das minhas bolsas no porta-malas. Arthur desceu do carro e foi me ajudar. No exato minuto em que estávamos lado a lado, guardando a bolsa ali dentro, algo inesperado aconteceu. Ouvi um barulho estrondoso, vi um clarão e, quando me dei conta, estava caída na calçada e sentia uma dor muito forte em uma das minhas pernas.

Uma moça que estava voltando de uma casa noturna havia perdido o controle do carro dela enquanto mexia no celular e tinha acabado de me atingir. O carro dela me prensou contra o carro do Arthur e, em questão de segundos, fomos atingidos. Me lembro que, antes de cair na calçada, tive tempo ainda de pensar: "Será que é agora que vou morrer?". Mas não. Não foi.

Deitada, colada no acostamento da rua, eu via a reação das pessoas ao se aproximarem de mim. Gabriel e Ricardo se assustaram muito, já o Arthur, além de também ter lesionado a perna, começou a passar mal. O Arthur falava: "Olha o que aconteceu com a perna dela!". Naquele momento, eu sabia que algo grave tinha acontecido, então decidi não olhar para a minha perna. Eu não sei o que me fez manter a calma naquela hora. Hoje, olhando para trás e analisando tudo, sei que se eu tivesse olhado para a minha perna, muito provavelmente teria entrado em pânico e me desesperado.

Enquanto estava ali, deitada na calçada em frente ao portão do meu prédio, eu sentia muita dor. Já tinha ouvido pessoas dizerem que, quando sofremos um ferimento muito grave e o nervo é rompido, paramos de sentir dor. Ironicamente, tudo aconteceu com a minha perna naquele momento, menos o rompimento do nervo. Soube depois que, do joelho até o pé, minha perna ficou ligada praticamente só pelo nervo. Por esse motivo, eu sentia uma dor inexplicável. Não tinha forças para falar ou para entender com detalhes o que estava acontecendo. A voz ficou fraca, mas eu permaneci acordada e lúcida durante todo esse processo.

Logo que o carro me atingiu, o porteiro, Pedro, saiu da guarita assustado. Ele chegou ao meu lado, agachou e me disse que ia interfonar para meus pais para avisar o que tinha acontecido. Eu então pedi encarecidamente para que ele não ligasse, já que eu sabia que estava tudo bem comigo e que dar uma notícia dessas assustaria demais eles. Pedi para o Pedro esperar eu ir para o hospital para contar do acontecido, porque não conseguiria imaginar eles sofrendo. Mas não teve jeito. Em cinco minutos, meus pais já estavam lá embaixo, e poucos minutos depois desceu meu irmão com um lençol para segurar e proteger o meu ferimento enquanto a ambulância não chegava.

Eu mantive a calma durante todo o momento. Quando os meus pais desceram, a primeira coisa que eu disse foi para eles não olharem para a minha perna, porque eu sabia que era grave. A minha mãe foi direto até mim, agachou ao meu lado, pegou a minha mão e começou a rezar em voz alta. Enquanto eu dizia que estava doendo muito, minha mãe me acalmava dizendo que logo a ambulância chegaria e que tínhamos que continuar rezando. Pedi para que, quem estava ali, não brigasse com a menina que tinha me atropelado, apenas focassem em chamar a ambulância.

A ambulância demorou quase cinquenta minutos para chegar na porta da minha casa. Esses quase cinquenta minutos, que pareciam uma eternidade para quem estava ali, para mim passaram voando. Eu sentia o vento no meu rosto, via os carros passando ao meu lado, olhava para meus amigos, meus pais. Me lembro que, em certo momento, tiveram que tirar o Arthur e meu irmão dali, porque começaram a passar mal vendo a minha perna. Outros amigos começaram a chegar por lá de carro e amigos médicos dos meus pais também chegavam para oferecer ajuda.

Quando a ambulância chegou, senti um alívio. Na verdade, chegaram duas, uma para mim e uma para o Arthur, que também tinha machucado a perna. Assim que vi os médicos, pedi para que por favor me sedassem. Eles disseram que não podiam, porque tinham que ter certeza de que eu estava bem e que não tinha batido a cabeça. Perguntaram se eu sentia dores na cabeça, pescoço, costas. Eu fiz sinal negativo para tudo.

— Não, não, eu não machuquei nada além da minha perna esquerda — eu disse.

Eu sabia que não tinha sofrido nem um arranhão fora a minha perna, mas naquele momento eu ainda não fazia ideia da gravidade do que tinha acontecido comigo. Os médicos me pediram para respirar fundo para que pudessem me colocar na maca e fazer um curativo em volta da minha perna.

— Um, dois, três — foi assim que eles falaram antes de enrolar a minha perna com gazes e fazer um curativo.

Logo depois, me colocaram em cima da maca e entraram comigo na ambulância. Assim que o carro andou, o médico falou:

— Você é muito forte! E o seu namorado é um banana.

Pensei: "Ah, ele com certeza fala isso para todas as pessoas que entram em uma ambulância". Mesmo sentindo muita dor, eu não fazia ideia de tudo que estava acontecendo. Tinha certeza de que chegaria ao hospital, eles costurariam a minha perna, talvez colocariam um gesso e eu ainda iria para Búzios no máximo no dia seguinte. Durante o caminho do hospital, pedi mais algumas vezes para que me dessem algo para dormir. Eles me explicaram que não podiam, que era importante que eu ficasse acordada durante todo esse procedimento.

Assim que chegamos ao hospital João XXIII, especialista em traumas, o paramédico logo começou a relatar o que tinha acontecido comigo. Não me lembro exatamente os termos utilizados, mas me lembro de ficar ouvindo as palavras "esmagamento", "perda de cartilagem", "fraturas".

Aquela sensação de ouvir em alto e bom tom tudo o que tinha acontecido foi me deixando um pouco assustada. Falei:

— Moço, eu tô ouvindo tudo. Tem que contar todos os detalhes mesmo?

Ele tinha que relatar tudo com o maior número de detalhes possível para que o atendimento no hospital fosse o melhor e mais assertivo. Resolvi então tampar os meus ouvidos com os meus próprios dedos e cantarolar baixinho "lalalalala" — dessa forma não ouviria mais aqueles termos e poderia tentar manter a tranquilidade pelo máximo de tempo possível.

Fiquei quase uma hora deitada na maca do pronto atendimento com a minha perna enfaixada. Mesmo já recebendo medicações na veia, a dor não ia embora. Doses de morfina não eram o suficiente para aliviar. Um amigo do meu pai, oftalmologista, começou a fazer carinho no meu pé esquerdo e falou:

— Você está sentindo?

— Não estou — respondi. Eu sabia que deveria estar sentindo a minha perna e que não estar sentindo, sem dúvida, era um sinal negativo. Quando olhei para o lado, me distraí desses pensamentos. O Arthur estava ali, deitado exatamente na maca do meu lado. Aquela sensação de ver ele pertinho era muito boa. Ainda não dava para acreditar em tudo aquilo que a gente estava vivendo, mas ver ele me trazia uma paz enorme. Eu, por várias vezes, quis falar que amava ele naquele momento, mas não tive coragem. Teve que ficar para depois.

Os médicos ainda não sabiam exatamente a gravidade do meu ferimento até a radiografia. Depois disso, fui imediatamente para a sala de cirurgia.

As médicas cortaram a minha roupa com uma tesoura, cortaram também a bota que vestia a minha perna machucada, então tiraram a outra do pé. Logo em seguida, me vestiram com a camisola do hospital. Enquanto isso, perguntei:

— Doutora, eu não vou morrer, não, né? Porque não me despedi de ninguém, não falei que amava ninguém.

Ela disse:

— Paola, claro que não! Pode ficar tranquila que vai dar tudo certo!

Por um lado, eu queria muito ir ali rapidinho falar algumas coisas para minha família, mas ao mesmo tempo pensei que Deus poderia entender aquilo como uma despedida, e eu não queria me despedir! Eu queria muito viver! Pensei: "Bom, se eu não me despedir de ninguém, Deus não vai me deixar morrer desse jeito, né?". Se aquela teoria daria certo ou não, eu só descobriria depois, mas naquele momento aquilo fez sentido para mim (risos). A última lembrança que tenho de antes da minha cirurgia foi de eu estar deitada no bloco cirúrgico e, à medida que o anestesista foi colocando o remédio em mim, fui ficando sonolenta.

Saí do bloco cirúrgico só às onze horas da noite, quase catorze horas depois de ter entrado. Durante todo esse tempo, os médicos ficaram tentando salvar a minha perna, mas nada de conseguirem a circulação novamente. Em alguns momentos, até achavam que tinham conseguido, mas logo depois viam que não tinha dado certo. Depois de tantas horas, os médicos explicaram aos meus pais que eu já estava correndo risco de vida por estar tanto tempo sob anestesia geral, que eles não teriam opção a não ser amputar a minha perna esquerda.

O médico ortopedista saiu para contar aos meus pais que as tentativas haviam se esgotado e que eles só precisavam assinar um termo autorizando a amputação para que os médicos concluíssem a cirurgia. No mesmo momento, minha mãe perguntou:

"Mas a partir de onde vão amputar?". Ele então disse que iam amputar no meio da minha coxa, pela margem de segurança para não correr o risco de dar uma infecção. Minha mãe ficou relutante com aquela ideia e pediu encarecidamente para que o médico amputasse onde a minha perna havia sido esmagada, que era abaixo do joelho. Apesar de alertar sobre os riscos, o médico concordou em fazer a primeira amputação mais baixa e então os meus pais assinaram o termo autorizando aquele procedimento.

Abri os olhos e vi uma luz muito forte no meu rosto, que quase cegava a minha visão. Por um momento, pensei: "Onde eu estou? O que aconteceu?". Logo me dei conta de onde estava e me recordei de tudo que tinha acontecido. Eu estava no hospital, tinha sido atropelada e tinha acabado de sair de uma cirurgia.

Saindo do bloco cirúrgico, ainda deitada na maca, observava tudo à minha volta e tentava encontrar algum rosto conhecido para me dizer o que tinha acontecido, até que vi a minha mãe, com um semblante preocupado.

— Mãe, que horas são? — perguntei.
— Onze horas da noite, Paola — ela respondeu.

Fiquei um pouco confusa. Tinha entrado no bloco cirúrgico às nove da manhã, de acordo com a minha lembrança. O que poderia ter acontecido para eu só acordar catorze horas depois? Mas eu estava muito sonolenta para pensar em qualquer hipótese.

— Mãe, colocaram vários pinos na minha perna?

Ela relutou um pouco para responder e acabou desconversando.

Ali, eu não fazia ideia do que estava acontecendo e muito menos do que estava por vir, mas a minha vida tinha mudado drasticamente. Eu nunca mais seria a mesma Paola, não depois do dia 27 de dezembro de 2014.

Como eu já tinha mais de dezoito anos, meus pais não poderiam ficar comigo dentro da UTI durante a noite. Eles tiveram que ir para casa esperar o horário de visitas, que começava às seis da manhã do dia seguinte, para me encontrarem.

Depois de um tempo, uma médica entrou no quarto, puxou um banquinho para se sentar do meu lado e disse:

— Paola, foi uma cirurgia muito complicada. Foram muitas horas e ocorreram complicações que não imaginávamos. E se tivessem que amputar a sua perna? O que você acharia disso?

— Não, tudo menos isso! De jeito nenhum — respondi. Mal eu sabia de tudo que já tinha acontecido.

Não sei exatamente o porquê, mas naquela noite eu não conseguia dormir. Talvez tivesse sido por ter ficado muitas horas sedada dentro da cirurgia, ou talvez eu só estivesse ainda tentando assimilar tudo que tinha acontecido até ali. Olhava para os lados daquele quarto compartilhado e ficava observando os outros pacientes que também estavam ali. Tinha outras camas com mais cinco pessoas internadas. Alguns com respiradores, alguns dormindo. Comecei então a notar algumas coisas estranhas. Eu sentia muita dor na minha perna direita e eu me lembrava bem de que nada havia acontecido com aquela perna, nem um arranhão. Por outro lado, a minha perna esquerda, que era a que realmente tinha machucado, quase não doía.

Passei a noite me questionando: "Será que já tinham amputado a minha perna?". Por mais que esse fato passasse pela minha cabeça depois da pergunta daquela médica, logo eu já descartava a possibilidade, porque eu ainda sentia a minha perna esquerda formigando muito (o que mais tarde fui descobrir que era a tal da "dor fantasma"). Eu sentia um formigamento de cima a baixo, só não sentia o meu pé. Concluí então que, se tivessem amputado algo, teria sido o meu pé. Pensei por várias vezes em encostar uma perna na outra para conferir o que tinha acontecido, mas tive medo do que eu poderia descobrir ali, sozinha na UTI. Sabia que eu poderia me desesperar se descobrisse algo que não esperava ali sozinha, então resolvi aguardar o encontro com os meus pais.

Às seis horas da manhã, começou o horário de visitas na UTI do hospital. Assim que abriram a porta do quarto, os meus pais entraram. Eles passaram a noite em claro pensando em como me dar aquela notícia e pensando em como eu reagiria. Pensaram que eu me revoltaria, que choraria bastante, mas nada e nem ninguém poderia prever a forma como tudo aconteceu.

Meus pais entraram pela porta da UTI bem abatidos e pararam em pé do lado direito da minha cama, um do lado do outro.

— Paola, temos que conversar com você.

— Mãe, podemos conversar depois? Não queria conversar agora — eu respondi. No fundo, eu sabia que existia a possibilidade da amputação e não tinha a certeza de que estava pronta para ouvir a notícia.

— Tem que ser agora, Paolinha — ela disse, com um ar bastante preocupado.

O que ela não imaginava era que naquele ponto eu já sabia o que tinha acontecido. As horas em claro naquela noite tinham me feito questionar um leque de possibilidades, mas que acabavam de ser confirmadas pela forma que eu via os meus pais.

— Por quê, mãe?

— Foi uma cirurgia muito complicada, Paola, eles tentaram de tudo.

— Aonde foi?

— Logo abaixo do seu joelho — ela disse.

Respirei um pouco, assimilei toda aquela situação com calma, e respondi:

— Tá bom, mãe. Graças a Deus que eu tô viva, né? Nossa, ainda tenho tantos sonhos, quero ter filhos, casar, viajar o mundo!

E foi assim que recebi provavelmente a notícia mais difícil da minha vida. Não sei ao certo o que me levou a ter essa calma ao recebê-la e não sei o que me fez mudar drasticamente de opinião da noite para o dia. Quando a médica me perguntou na noite anterior, eu tinha a certeza de que essa era a última coisa que eu queria que acontecesse comigo. De repente, aquilo se tornou banal.

Acho que tomei um susto muito grande em pensar que poderia ter perdido a minha vida ali, na porta da minha casa, sem ter me despedido de ninguém. Ou que podia ter ido embora sem ter falado tudo que eu queria falar, deixando tantos sonhos e planos para trás com apenas vinte anos. O que aconteceu exatamente não sei, mas eu só conseguia agradecer por estar viva e por ter outra chance de viver minha vida ao máximo.

Mais tarde, fui entender o porquê de eu sentir tanta dor na minha perna direita, que no acidente não tinha sofrido nem mesmo um arranhão. Os meus pais me explicaram que, durante as inúmeras tentativas dos médicos de salvarem a minha perna, acabaram removendo a veia safena da perna direita, que seria uma possibilidade de conseguir a circulação novamente na perna esquerda. Se conseguissem a circulação até o pé, que era o primordial, no restante eles dariam um jeito e conseguiriam salvar a minha perna. No entanto, mesmo depois de tirarem a minha safena, as tentativas não foram bem-sucedidas.

A verdade é que em nenhum momento do acidente eu pensei que existia a possibilidade de amputação. Achei que fechariam minha perna e eu ainda iria para Búzios. Pensava que tinham, no máximo, colocado uns pinos na minha perna, mas nada mais grave. Apesar disso, vi que a amputação já tinha sido feita e que nada mudaria esse fato. Eu não sabia o que aconteceria com a minha vida a partir dali, mas sabia que estava pronta para encarar aquela grande mudança.

Depoimentos dos meus pais — Parte 1

"Na noite e madrugada da véspera do dia do acidente, eu tive uma preocupação enorme e anormal e tive o sono interrompido por diversas vezes com um grande temor pela viagem da Paola, que aconteceria às cinco e meia da manhã seguinte.

Quando ela abriu a porta de casa para sair, tive muita vontade de pedir a ela que não fosse, por causa dos fortes pressentimentos que eu tive naquela noite. Pensei bastante, achei que devia ser coisa de um pai preocupado demais e concluí que, de qualquer forma, certamente a Paola não atenderia ao meu pedido de ficar, já que o namorado e os amigos já estavam a esperando lá embaixo. Pensei que, se eu chegasse a alertá-la do meu pressentimento, aquilo poderia gerar nela muita ansiedade e medo durante a viagem, e essa energia negativa poderia atrapalhá-la.

Ouvi ela abrindo a porta de casa e do elevador e descendo para fazer a viagem. Passados alguns minutos, o interfone tocou.

Era o porteiro, Pedro, um grande amigo atualmente, nos avisando que havia ocorrido um acidente e que a Paola tinha se machucado. Tomamos um tremendo susto e descemos imediatamente.

Ao chegarmos, nos deparamos com a inesquecível e mais difícil cena da minha vida. Paolinha estava deitada no asfalto com a perna esquerda extremamente dilacerada. Mas, apesar de tudo, ela estava absolutamente em paz. A primeira coisa que ela nos disse foi:

— Pai, mãe, não olhem para a minha perna, não. Fiquem tranquilos e chamem a ambulância, por favor.

Como morávamos em frente a um hospital, corri para lá tentando conseguir uma ambulância para socorrer Paola, mas as tentativas foram em vão. O hospital nos disse que não tinham ambulâncias e que só o Samu poderia socorrê-la, então voltei direto para casa.

Assim que voltei para lá, a menina que a atropelara estava muito nervosa, questionando por que aquilo ocorrera e o que ela tinha feito. Então as pessoas ao redor pediram a ela que se afastasse, pois poderia, sem querer, estar atrapalhando e deixar a Paola ainda mais nervosa. E aí veio um momento em que jamais vou me esquecer. Paola, com uma calma surpreendente, pediu a todos:

— Deixem ela em paz, gente, deixem. Só continuem ligando para a ambulância.

Nunca me esquecerei de como aquele momento foi emocionante e impactante. Como uma menina que havia acabado de ser atropelada, que sentia uma dor extremamente forte, ainda assim teve essa tranquilidade e paz.

A ambulância só chegou 45 minutos depois e levaram outros 45 minutos para fazer todos os curativos, checar os sinais vitais e entrarem na ambulância. Para mim, como pai, ver a minha filha naquele estado e passando por toda aquela dor doía em mim de uma forma imensurável.

Antes de saírem, o enfermeiro do Samu disse à Paola:

— Moça, eu trabalho no Samu há muitos anos e nunca vi uma pessoa como você, com a sua paz e gentileza mesmo nesta situação.

Já no hospital, Paola entrou em cirurgia e ficamos ansiosamente aguardando notícias por cerca de catorze horas. Eu rezava durante todo aquele tempo e, com certeza, aquelas foram as catorze horas mais difíceis da minha vida e de todos da nossa família. Naquele ponto, ela não fazia ideia de tudo que estava acontecendo.

Lá dentro do bloco cirúrgico, Paola era operada. A equipe tentava incansavelmente recuperar a perna esquerda dela de todos os modos, inclusive tirando a veia safena da perna direita para tentarem irrigar a perna e o pé esquerdos. Não posso me esquecer aqui de agradecer do fundo do coração o carinho, a atenção e a disponibilidade de meus amigos dra. Ana Maria Vilela e dr. Reinaldo Sieiro, os quais acordei naquela madrugada e que prontamente vieram estar conosco e nos ajudaram tanto.

Essas catorze horas eram intercaladas pelas mensagens da Ana Maria e do querido Reinaldo, que tinham acesso à sala de cirurgia e nos davam notícias, tentando sempre nos acalmar e trazer alguma esperança, apesar de serem sinceros dizendo que a situação era difícil em relação à recuperação da perna.

Ao final das catorze horas de cirurgia e incontáveis tentativas, o médico dr. Sergio Campos Cristi veio até nós muito emocionado, nos afirmando que ele e sua equipe tinham feito de tudo dentro da capacidade deles, que cuidou dela como se fosse sua própria filha, mas que infelizmente só sobrara a opção da amputação. Não podiam tentar e esperar mais, pois colocaria em risco a vida da Paolinha. Para concretizarem a amputação da perna, precisariam apenas que os responsáveis assinassem um papel autorizando.

Ficamos extremamente abalados, conversamos entre nós, consultamos os filhos e, rezando, entregamos mais uma vez nas mãos de Deus, como havíamos feito desde o momento do acidente e, enfim, assinamos os papéis.

Na nossa conversa final com o médico após a cirurgia, o dr. Campos Cristi fez questão de relatar de forma emocionada que nos seus vários anos (se não me engano, eram 32 anos) de pronto-socorro, jamais tinha visto uma pessoa ter uma energia tão linda e tamanha capacidade e mecanismo emocional como a Paola. Ele nos contou que apenas uma vez, com o paciente Dom Luciano

Mendes, arcebispo da cidade de Mariana, com mais de setenta anos de idade e tendo dedicado sua vida à vida cristã, sentiu uma energia e uma PAZ semelhantes ao que ele sentiu com a Paola, que era uma menina tão jovem de apenas vinte anos.

O médico nos contou também que, antes de iniciarem a cirurgia, a Paola perguntou se ela poderia morrer durante a operação. Eles responderam que não e que com a graça de Deus ela se recuperaria bem, mas perguntou por que ela estava pensando naquilo. Então a Paola lhe respondeu que, se tivesse risco, ela precisaria, antes da cirurgia, se despedir de seu pai, sua mãe, seus irmãos e seu namorado. Nos emocionamos muito quando soubemos daquilo.

Na manhã seguinte, fomos eu e Diva de mãos dadas e rezando, pedindo a Deus iluminação para contarmos à Paola sobre a amputação. Ela ainda não sabia. Entramos na UTI e começamos a contar que o acidente tinha sido muito grave e que graças a Deus ela estava viva. Nesse momento, fiquei muito emocionado, e a Paola, percebendo, pediu que a mãe contasse tudo.

Saí de perto por um breve momento para não chorar na frente dela e, quando voltei, Diva já havia lhe contado sobre a amputação.

A Paolinha esperou que eu chegasse perto e disse:

— Pai e mãe, fiquem tranquilos. Poderia ter acontecido tanta coisa pior. Graças a Deus eu tô viva! Ainda tenho tantos sonhos! Quero ser mãe, viajar o mundo...

Chorei muito ao ver tamanha resiliência e vontade de viver. Foi uma lição que eu, com meus sessenta anos, pude aprender. Era de uma grandeza, de um nível de compreensão de vida que não poderíamos imaginar. Paola naquele dia nos ensinou sobre amor, fé e resiliência. Vendo como ela reagiu a tudo, pude ter esperança de que realmente tudo era possível."

Pai

"Quando pensamos o quanto nossa vida é frágil e como estamos vulneráveis a alguma situação inesperada, paramos de nos preocupar demais com tantas coisas inúteis e sem importância e aprendemos a valorizar o que realmente tem valor.

Quando chegou o dia de a Paola viajar, ela foi até meu quarto para que nos despedíssemos, como sempre, lhe desejei ótima viagem, disse para ela ir com Deus e voltei a dormir. Alguns poucos minutos depois, o interfone tocou, e o nosso porteiro, Pedro, disse que a Paola tinha sofrido um acidente. Desci correndo, com medo de como eu a encontraria. Chegando na porta do prédio, Paola estava deitada no meio-fio, e a minha única atitude foi me sentar ao lado dela, ficar conversando, rezando e tentando mantê-la acordada.

As pessoas ao redor estavam assustadas e nervosas, mas eu desde o início me concentrei apenas no seu rosto e em nenhum momento cheguei a olhar para o estrago que aquele carro tinha feito ao prensar a perna da minha filha na traseira do outro carro.

Foram 45 minutos de espera até a ambulância chegar, e então fomos para o hospital. Durante todo aquele tempo, em momento algum passou pela minha cabeça que ela perderia uma perna. Poderia ficar com uma cicatriz imensa, mas perder a perna, jamais! Após catorze horas de cirurgia, a notícia de que eles teriam que amputar a perna da Paola foi triste. Na verdade, desesperadora porque eu não fazia ideia de como ela enfrentaria aquilo. Uma menina linda de apenas vinte anos!

Depois da cirurgia, Paola passou a noite na UTI, e nós não podíamos acompanhá-la. Acredito que essa tenha sido a noite mais difícil da minha vida. Primeiramente, por pensar que ela passaria a noite sozinha depois de todo o ocorrido. Eu sentia angústia, tristeza, dúvidas, ansiedade. A todo momento, eu contava os minutos para amanhecer e eu poder vê-la, mas como eu daria essa notícia a ela? Como ela reagiria? Milhares de possíveis cenários passavam pela minha cabeça naquelas poucas horas até eu voltar ao hospital, mas eu só pedia a Deus que me iluminasse, que estivesse ao meu lado e que agisse através das minhas palavras.

O que aconteceu quando chegamos para contá-la do ocorrido foi impressionante. Paola reagiu de uma forma inexplicável, serena e em completa paz:

— O importante é que eu estou viva, mãe. Tenho tantos sonhos, quero trabalhar, casar, viajar o mundo, ter meus filhos, cachorrinhos. Eu perdi uma perna, mas graças a Deus foi só isso!

E ali começou a história mais linda de uma menina que renasceu, que mudou a forma de encararmos os problemas, que a cada dia nos mostra o verdadeiro sentido da vida, que aceitou os desígnios da vida e que não se deixou abater. Em nenhum momento reclamou ou se entristeceu. Só aceitou e agradeceu a Deus pela vida!"

Mãe

Mudanças fazem parte da vida

"Sabia que nem tudo seriam flores, mas sabia que perder uma perna era algo muito pequeno perto do sentimento de gratidão que eu sentia por estar viva."

FATO É QUE A MINHA VIDA MUDOU POR COMPLETO no dia 27 de dezembro de 2014. Depois de receber a notícia dos meus pais de que tiveram que amputar a minha perna esquerda, eu não me desesperei. Me mantive tranquila a todo momento e não pensando muito no futuro. Eu sabia que meus pais estavam muito assustados com tudo aquilo e com muito medo da minha reação. Não só eles, como todas as pessoas que conviviam de maneira um pouco mais próxima a mim. Eu sempre tinha sido uma pessoa vaidosa, tranquila, mas ninguém imaginava como seria a Paola a partir daquele dia.

Quando meus pais saíram da UTI, logo entrou o meu namorado da época, Arthur. Falei para ele o quanto estava tranquila com a notícia da amputação e pedi para ele avisar a todas as minhas amigas que não precisavam se preocupar comigo, porque eu estava extremamente grata por estar viva.

O meu grupo de melhores amigas é formado por catorze mulheres, contando comigo, somos amigas desde a escola em que estudamos: Colégio Loyola. Todas com personalidade e gostos completamente diferentes, mas temos uma união e amizade muito fortes. Sempre estivemos ao lado umas das outras em momentos difíceis, independente das circunstâncias. No meu acidente não seria diferente. Quando elas souberam, poucas horas após o ocorrido, se preocuparam muito. Logo fizeram uma corrente de oração para que corresse tudo bem na cirurgia. Cada uma em um canto do mundo, todas se uniram em um horário exato para que conseguissem na mesma hora estar mentalmente juntas comigo. Elas foram, sem dúvida, peças fundamentais para todo o meu processo desde aquele dia.

Me lembro que depois de mandar uma foto às minhas amigas, uma médica entrou no quarto perguntando se eu precisava de algo. Então eu disse:

— Por favor, Letícia, queria te pedir algumas coisas. Queria um desodorante, protetor labial, escova de dente e escova de cabelo.

Mesmo naquela circunstância e recém-saída de uma cirurgia com duração de catorze horas, eu ainda queria me cuidar. Queria me sentir bem. Por mais que algumas pessoas tenham se preocupado com isso, não passou pela minha cabeça em nenhum momento que eu perderia a minha vaidade ou me preocuparia menos com essas questões. Para mim, a vida até ali continuava normal.

Naquele ponto, ainda no hospital, eu sabia que nada traria a minha perna de volta. Existem problemas na vida que são solucionáveis e por eles vale a pena gastar tempo da nossa vida ficando tristes ou pensando em qual atitude tomar para resolver aquilo. Outras situações são imutáveis. Eu tinha perdido a minha perna, isso era um fato. Ficar triste, me lamentar ou me perguntar o porquê de aquilo ter acontecido comigo não ia trazer a minha perna de volta. Pelo contrário: eu ainda estaria sem uma perna, mas além daquilo estaria triste. Eu tinha duas opções: reclamar ou tentar ver o lado positivo daquilo e agradecer pelo mais importante, que era o fato de eu ainda estar viva.

Para mim, eu só tinha uma saída naquele momento — viver um dia de cada vez e não sofrer por antecipação. Eu não sabia como seria o futuro, não sabia como seria o amanhã. Não tinha como saber se eu continuaria bem por alguns minutos, por dias ou por anos, mas decidi encarar cada dia por vez, com calma. Eu só saberia como seria o amanhã quando o amanhã chegasse. Se eu estaria bem ou não, descobriria no dia seguinte, mas não concentraria a minha energia naquilo.

Naquela época, muitas pessoas diziam para a minha mãe que eu ainda estava bem daquela forma porque a minha ficha ainda não tinha caído. Eles diziam para ela se preparar, porque, quando isso acontecesse, eu sofreria bastante.

Bom, acho que depois de sete anos e agora escrevendo o meu próprio livro, posso dizer que a minha ficha já caiu, né? (risos)

Minha percepção de tudo isso é que a minha "ficha caiu" desde o primeiro dia. Eu tinha plena consciência de que eu havia sofrido um acidente e perdido a minha perna. Também tinha plena consciência de que a minha vida ia mudar em inúmeros aspectos a partir dali. Talvez eu ainda não conseguisse imaginar quantas dores sentiria, quais seriam as minhas limitações e quais tipos de situação enfrentaria, mas mesmo assim naquele momento eu só conseguia agradecer. Não queria pensar no amanhã, queria pensar somente no agora.

Sabia que nem tudo seriam flores, mas sabia que perder uma perna era algo muito pequeno perto do sentimento de gratidão que eu sentia por estar viva. A minha sensação pós-acidente foi exatamente um alívio por estar viva, um alívio por ver que nada de mais grave tinha acontecido comigo. Era um alívio tão grande ver os meus pais, meus irmãos, meu cachorrinho, meus amigos. Era um alívio tão grande saber que eu ainda teria tempo de realizar os meus maiores sonhos. Perder a minha perna era sim algo que eu jamais imaginaria passar em vida, mas era muito pequeno perto de tudo que eu queria viver. Ali começou uma nova vida, ali uma nova Paola nasceu.

Até hoje, muitas pessoas que me param nas ruas falam: "Paola, com certeza eu não teria a força que você teve para enfrentar tudo isso que você enfrentou dessa forma tão positiva". Eu sempre digo: "Você teria sim!". Sem dúvida, se me perguntassem antes como eu reagiria se perdesse uma das minhas pernas, eu diria que não daria conta. Diria que admiraria muito pessoas que passam por essas adversidades de forma leve. Sem dúvida, eu diria que seria muito difícil, que choraria e que precisaria de um tempo para ficar bem. Na prática, as coisas não são sempre como imaginamos, para o bem ou para o mal.

Nos dias seguintes no hospital, eu agradecia muito pela minha vida e conversava muito com Deus. De verdade, foi um dos momentos em que eu senti Deus mais próximo a mim. Ao sair da UTI e chegando no quarto do hospital, pude enfim pegar o meu celular. Tomei um susto muito grande com a quantidade de ligações e mensagens que eu tinha recebido nesse meio-tempo. Amigos, familiares, conhecidos e até mesmo pessoas desconhecidas me enviaram mensagens me desejando forças e orando por mim. Eu verdadeiramente me sentia muito bem comigo mesma e com toda aquela situação, então resolvi começar a postar fotos e mensagens no meu Instagram com tudo que eu estava sentindo. Dizia como eu estava grata por estar viva, como eu estava tranquila com a mudança no meu corpo e sobre como isso era pequeno perto da nova chance de viver que eu tinha ganhado.

Deitada na cama do hospital, eu pensava sobre tudo. Agradecia diariamente e sentia uma força sobrenatural. Desejava cada vez mais poder compartilhar com as pessoas tudo o que eu estava sentindo. Em vez de dúvidas ou inseguranças, quando eu começava a escrever para as pessoas, passava a sentir uma certeza muito grande sobre o que eu falava. Sabia que perder uma perna não significava absolutamente nada. Sabia que nesse mundo onde a busca por padrões de beleza está cada vez mais constante, às vezes não enxergamos as coisas mais importantes da nossa vida.

Aos poucos, novas pessoas foram tomando conhecimento das minhas redes sociais, e os meus seguidores foram crescendo dia após dia. Diariamente eu recebia cerca de cem mensagens me desejando forças e felizes com a minha recuperação e com a minha mentalidade positiva.

Eu tenho bastante convicção de que a forma como lidei com esses primeiros acontecimentos pós-acidente foi primordial para a minha vida estar do jeito que está hoje. Agora, olhando para trás, vi que tive a racionalidade de não chorar pelo leite derramado. Eu vi que a única opção plausível naquele momento era seguir em frente e ver o que a vida guardava para mim. Nem sempre é fácil olharmos dessa forma prática e otimista para os momentos difíceis da nossa vida, mas encarando dessa forma vivi um verdadeiro milagre.

Sempre acreditei que tudo fosse dar certo na minha vida. Eu não entendia como, mas sabia que daquele momento que, aparentemente, era o mais difícil da minha vida, sairia algo de bom. O que era? Eu ainda não fazia ideia, mas não tive pressa para descobrir também.

No hospital, por mais que os dias tivessem sido de bastante reflexão e agradecimentos, também tive períodos de muita dor física. Nunca chorei por ter perdido a minha perna, mas cheguei a chorar de dor. Depois de passar por complicações na minha perna amputada, recebi a notícia de que teria que fazer uma segunda amputação e que eles não sabiam ao certo o quanto mais teriam que amputar (conto mais detalhes no próximo capítulo). Após passar pela cirurgia, por mais que tivesse dado tudo certo, eu sentia uma dor extremamente forte no local onde tinham amputado, e em alguns dias nem mesmo o mais forte dos remédios, a morfina, era capaz de tirar toda a minha dor. Minha mãe, que esteve ao meu lado no hospital todos os dias, sofria ao me ver sentindo tantas dores. Quando chorei de dor, ela saiu gritando pelo corredor pedindo que pelo amor de Deus alguém me desse algo mais forte. Depois de algumas tentativas, eles conseguiram conter a dor.

Outra dor frequente durante os meus dias no hospital e que perdurou por anos após a minha amputação foi a "dor fantasma". Eu nunca havido ouvido falar em dor fantasma até realmente senti-la em minha pele. Eu continuava sentindo a parte da minha perna que havia sido amputada e não só tendo formigamentos constantes, também sentia fincadas extremamente fortes, que me faziam pular de susto. Sentir dor é ruim, mas a sensação de formigamento também me deixava nervosa, e nos primeiros anos eu não conseguia dormir sem antes tomar um remédio.

A minha equipe de médicos e enfermeiros de todo o hospital com certeza fez toda a diferença também durante a minha internação, e sempre diziam o quão forte e corajosa eu estava sendo, o que me deixava cada vez mais confiante.

Por mais que eu me mantivesse sempre muito positiva e tranquila, no fundo, eu tinha várias incertezas, dúvidas e medos. Não sabia se eu ficaria bem, como seria a partir dali, não sabia se voltaria a andar, não sabia como seria o olhar das pessoas para mim depois que eu saísse do hospital.

Querendo ou não, o hospital era um lugar seguro em que os traumas eram muito comuns, mas como seria ao sair daquele lugar? Eu não conhecia nenhum amputado, o máximo que me lembrava era sobre o que eu via nos filmes, então não sabia se colocaria uma prótese ou como eram as próteses. Não sabia se as próteses eram estéticas e imitavam uma perna verdadeira ou se eram robóticas. Naquele ponto, o que eu sabia era que eu havia decidido simplesmente encarar cada dia de uma vez e não sofrer por antecipação. Eu decidi ver o que estava me esperando. Decidi conhecer esse novo mundo. E foi assim que essa nova fase se iniciou.

Depois de sair do hospital, começou todo um novo processo que foi a minha reabilitação. Algumas semanas no hospital haviam sido o suficiente para eu perder totalmente a minha resistência física e desaprender por completo como era andar. Fora as dores diárias e a convivência com os efeitos colaterais de tantos remédios que eu tomava, ainda me locomovia por muletas dentro de casa, mesmo quase sem força nos braços, e os banhos eram só com a ajuda da minha mãe. Mesmo assim, eu contava os dias para finalmente ir até o centro de próteses ter a minha própria prótese e voltar a andar. Mas antes desse momento chegar, eu deveria me preparar. Colocar a prótese não era tão simples, e antes eu tinha que reaprender coisas básicas do meu novo corpo. Começou então toda uma fase de treinamentos diários com a fisioterapia, que incluía treinamento com peso, com obstáculos, elásticos e tudo o que existisse. Ao mesmo tempo que treinávamos, minhas fisioterapeutas se tornaram quase psicólogas e ouviram tudo o que eu sentia, minhas dúvidas e incertezas.

A minha grande sorte foi que a mãe do Arthur, Rosângela, era uma grande fisioterapeuta da minha cidade, então eles não mediram esforços para me ajudar e me proporcionar os melhores tratamentos que eu poderia ter. Como meus treinamentos eram diários e demandavam muito tempo, Rosângela me apresentou para a Joyce, outra fisioterapeuta incrível e que também cuidava de mim. As duas ajudaram muito na minha recuperação e, mais tarde, teriam sido essenciais em todo o momento de voltar a andar. Ao longo dos dias aprendi a me reequilibrar sem prótese, a depositar peso no local da amputação, comecei a fazer exercícios e todas as atividades que podia para que logo eu voltasse a ter uma vida semelhante à que eu tinha antes.

A primeira prótese

"Ali eu vi que não estava sozinha, que havia um mundo de pessoas que eram iguais a mim e, o melhor: que viviam a vida normalmente."

Era uma segunda-feira e tinha chegado o dia de eu ir conhecer uma empresa de próteses. Desde o dia do meu acidente, comecei a fazer pesquisas na internet sobre como eram as próteses (se pareciam uma perna normal ou se eram mais parecidas com um robô) e como seria a funcionalidade delas. Não sabia se voltaria a andar perfeitamente bem, se poderia correr de novo, mas estava ansiosa para descobrir.

Quando soube que meus pais conseguiram agendar um horário no centro de próteses, passei noites em claro imaginando o momento em que eu voltaria a andar. Eles tinham conseguido um horário com o dr. Fabricio, um fisioterapeuta que tinha anos de estudos e inúmeras especializações em próteses e órteses e, sem dúvidas, me apresentaria as melhores opções.

Às três horas da tarde da segunda-feira, chegamos ao centro de próteses e tive uma grande surpresa. Olhando para os lados, conseguia ver inúmeras pessoas amputadas, assim como eu. Idosos, jovens e até crianças sem uma perna ou sem um braço. Por mais que eu já tivesse visto algumas dessas imagens em minhas pesquisas e filmes a que assisti, era completamente diferente ver aquelas pessoas de perto. Ali eu vi que não estava sozinha, que havia um mundo de pessoas que eram iguais a mim e, o melhor: que viviam a vida normalmente. Conversando com essas pessoas, vi que algumas eram atletas, outras mães e pais, e outras trabalhavam nas mais diversas áreas. Trocar experiências com cada uma delas naquele início me deixou ainda mais otimista de que tudo seria da forma que eu sonhava.

Desde quando estava no hospital, frequentemente me imaginava vestindo uma prótese e saindo para me aventurar. Quando pensava nessa cena, me via com uma perna bege, bem parecida com uma perna verdadeira, e andando para todos os lados no mesmo minuto em que a vestisse. Para meu grande susto, não foi bem assim. Foi exatamente o oposto de tudo que eu tinha imaginado.

Usar uma prótese era bastante difícil. Eu a sentia muito pesada, como se estivesse andando com uns pesos de academia amarrados na minha perna. Além disso, sentia bastante dor embaixo da perna, logo abaixo do fêmur, na região amputada. Eu mal conseguia colocar o peso na perna da prótese, quem diria dar alguns passos fora das barras. Decidi então ir com calma. Percebi que eu precisaria reaprender a me equilibrar primeiro sem a prótese, para depois reaprender a andar. Sempre com calma e paciência.

Nos primeiros dias de treinamento, eu saía de lá extremamente frustrada. O avanço não era tão rápido quanto eu imaginava. Me desequilibrava constantemente e não conseguia ficar muito tempo com ela sem sentir dor. Em alguns dias ia embora brava e frustrada e me lembro de certo dia falar com o Fabricio que eu não queria mais aquilo. Não queria mais voltar a andar. Naquele dia, ele se sentou comigo e me prometeu que tudo daria certo, mas que eu teria que insistir, me esforçar além do que eu estava e deveria ter paciência. Ele me afirmou que se fizesse tudo isso, em pouco tempo as dores passariam e eu teria uma vida absolutamente normal, como eu queria ter. Desde aquele dia nunca mais reclamei ou pensei que eu não fosse capaz. Decidi dar o meu máximo para atingir os meus objetivos o mais rápido possível.

O primeiro passo foi ir além do meu limite. Todos os dias quando chegava em casa, a minha vontade era de imediatamente tirar a prótese. A sensação se aproximava à de um sapato muito apertado, que machucava e que eu não via a hora de tirar, mas, por mais que quisesse, a minha vontade de voltar a andar era muito maior. Eu sabia que, se quisesse ter a vida dos meus sonhos, deveria passar por cima daquele desconforto e insistir. Por isso, mesmo com dor, ficava com ela o dia todo e só tirava para tomar banho e dormir. Foi assim que em pouco tempo comecei a me acostumar e aquela nova realidade foi se tornando parte da minha vida.

No primeiro mês de adaptação, me locomovia com a prótese com a ajuda de duas muletas para me darem segurança. Tempos depois, soltei uma delas, mas ainda não me sentia confiante para andar sozinha. Até que chegou o dia em que meu protesista, Fabricio, disse que já era hora de eu deixar as minhas muletas para trás e andar sozinha de prótese. Com muito medo, fiz isso.

A partir daquele dia, eu nunca mais peguei nas muletas. Quando precisava, dava a mão ou o braço para alguma pessoa ao meu lado. Já cheguei até mesmo, quando não me sentia segura, a pedir ajuda no meio da rua para desconhecidos, mas sempre me arriscava e tentava dar alguns passos sozinha. Os terrenos irregulares da rua eram muito difíceis, mas ainda mais difíceis eram as rampas e os morros pelo caminho. Tudo aquilo era um verdadeiro desafio. Levei muitos tombos, alguns mais engraçados e outros mais doloridos. Quebrei a prótese, quebrei alguns óculos, ganhei alguns roxos e cicatrizes no joelho, mas ganhei ainda mais histórias para contar.

Fui então criando algumas estratégias para me locomover com segurança e não depender de outras pessoas no meu dia a dia. Fui entendendo melhor o meu corpo, aprendendo a confiar na minha prótese e fazendo diariamente fisioterapia, que foi essencial para a minha recuperação e para eu restabelecer o meu equilíbrio e a força muscular.

Na tentativa de adaptação com a prótese, fora os treinamentos que eu fazia com o Fabricio, a fisioterapia com a Rosângela e a Joyce era essencial. Eles trabalharam em conjunto, com todo o tipo de treinamento visando ao meu fortalecimento. Quando consegui me adaptar, sabia que devia muito a eles. Eu não teria conseguido sozinha, não daquela forma tão especial e com tanto carinho envolvido. Por isso, digo o quão especiais e importantes são as pessoas à nossa volta, especialmente quando passamos por um momento difícil.

Agora, vou deixar aqui o depoimento do Fabricio:

"Eu, Fabricio Daniel de Lima, como protesista e fisioterapeuta, já vivenciei lágrimas e histórias de milhares de pacientes que sofreram algum tipo de amputação, mas me impressionei com a postura realista e otimista da Paola desde o primeiro contato. Ela entrou no consultório dizendo: 'Eu quero andar!'. Paola em nenhum momento se queixou da amputação ou chorou no consultório; não lamentava o membro perdido, apenas dizia que queria voltar a andar logo e viver a vida.

Aceitou a prótese com tanta facilidade que andou no mesmo dia — normalmente a adaptação demora de quinze a vinte dias. Em duas semanas, estava desfilando. Nesse momento eu percebi que a Paola tinha algo especial.

Durante o período de adaptação e reabilitação, Paola me questionou como poderíamos encapar sua prótese, e pensei que ela queria saber sobre o acabamento cosmético das próteses (uma espécie de espuma que recobre os componentes), que a maioria dos amputados usa. Assim, chamei uma paciente para mostrar sua prótese com acabamento estético à Paola.

Lembro perfeitamente o sorrisinho de 'não é isso que eu queria', mas Paola educadamente disse 'Que legal, a prótese dela parece mais natural'. Porém, depois a sós, ela confessou: 'Não quero uma perna que parece de boneca! Eu quero algo diferente!'.

No dia seguinte, Paola veio com a grande ideia, aquela que iria transformar a maneira de as pessoas enxergarem uma prótese: cobrir o encaixe com bastante brilho. Pronto, estava lançando as próteses com glitter. Ela me disse: 'Não quero me esconder, ao contrário, quero me mostrar e dar um jeito de chamar a atenção de todos'.

Eu sempre digo que a atuação da Paola nas redes sociais já alterou a relação de diversos amputados com o corpo. Depois das fotos de biquíni que postou (com mais de 100 mil likes), muitas pessoas passaram a não esconder a amputação.

Paola se tornou exemplo de vida para muitos amputados. Seu jeito de viver, seu carisma e sua força de vontade contagiaram todo mundo. Cada vez mais amputados querem personalizar suas pernocas, querem colocar bastante glitter. E o mais importante, aquele hábito que os amputados tinham de esconder suas próteses ou por vergonha, ou por medo do que os outros iam pensar, ficou para trás!

Muitas pessoas que perderam um membro e até mesmo seus familiares têm a Paola como um exemplo de vida. De crianças a adultos, todos se espelham nela. É como se ela mostrasse que existe, sim, vida após a amputação e que não é nada horrível como todos imaginam.

Me orgulho de fazer parte dessa jornada e poder contribuir com um ser humano tão incrível. Ela é grata a mim por ajudá-la a voltar a andar, e eu serei eternamente grato a ela por confiar em mim e me dar a oportunidade de conviver com uma pessoa maravilhosa."

Depois de voltar a me equilibrar e a andar, tinha chegado a hora de eu me arriscar e tentar fazer, dia após dia, todas as coisas que eu fazia antes. O meu primeiro desejo era de ir à praia pela primeira vez após o acidente. Eu não sabia o porquê ele era tão forte, mas sempre senti uma ligação com a praia e o mar. Era um lugar que me deixava em paz e onde eu sentia uma conexão muito intensa com Deus.

O início
das aventuras

"A sensação de entrar no mar de novo, naquela nova realidade, foi uma das melhores da minha vida."

Quando tive vontade de ir à praia, decidi logo de cara conversar com o meu protesista, Fabricio, para saber qual a possibilidade de eu conseguir fazer isso. Primeiramente, teria que conseguir uma prótese especial para usar na areia e para nadar, já que a que eu tinha não era própria para isso. Depois, eu teria que entender como seria andar na areia naquele momento em que ainda dava poucos passos sozinha.

Com todas as pessoas que eu conversei sobre isso, a reação foi a mesma. Todos me falaram que seria difícil demais andar em um terreno irregular e instável como a areia, por isso era melhor que eu esperasse um tempo até fazer isso. Mas desde aquela época sempre gostei de me desafiar e ir além dos meus limites. Decidi então, depois de conversar com o Arthur, viajar com ele para o Rio de Janeiro e por conta própria realizar esse desejo. O Fabricio me emprestou uma prótese que eu poderia usar para mergulhar no mar e, depois de tudo combinado, compramos as nossas passagens.

Pousamos no Rio de Janeiro em uma quinta-feira à tarde e fomos direto para o apartamento que alugamos. Aquela noite foi de extrema expectativa, e eu não parava de imaginar a sensação que seria colocar o meu pé no mar novamente. Eu só conseguia pensar em o quão emocionante seria viver todas essas coisas de novo. Coisas que até então pareciam tão simples e banais, mas que tinham ganhado um significado totalmente diferente.

Quando acordamos na sexta-feira de manhã, vimos que o apartamento que havíamos alugado era a apenas três quarteirões da praia de Ipanema. Decidimos então ir andando até lá. O caminho até a praia era completamente irregular e a cada cinco passos eu me desequilibrava e o Arthur tinha que me segurar. Eu tentava me concentrar e olhar para o chão para evitar que caísse, mas as tentativas eram em vão. Depois de levar dois tombos, enfim avistei o mar e só queria chegar o mais rápido possível até lá.

A sensação de entrar no mar de novo, naquela nova realidade, foi uma das melhores da minha vida. Todas as pessoas que haviam falado que seria difícil demais estavam certas. Realmente foi. Mas a sensação de alcançar o meu objetivo, de ir pela primeira vez com uma prótese para a praia e dar um mergulho depois de tudo o que eu tinha passado, me fazia sentir uma sensação de liberdade que eu nunca antes havia experienciado. Ali, acho que posso dizer que "virou uma chave" na minha vida. Eu percebi que, sim, havia limites físicos e que eles eram claros, mas que a minha cabeça poderia me fazer ir além do lugar onde o meu limite estava.

Depois de ir pela primeira vez à praia, decidi continuar tentando fazer mais atividades que eu fazia antes do acidente: fui então tentar jogar tênis de prótese e nadar em uma piscina. Depois, optei então por coisas que eu jamais havia pensado em fazer antes: por que não tentar dançar?

Dançar era um dos bloqueios que eu tinha na cabeça e acabou sendo uma das experiências que mais me ensinou. Eu cresci completamente sem jeito para dançar e, por me considerar sem talento, tinha evitado fazer aulas por vergonha, mesmo tendo muita vontade. Depois de perder a minha perna, minha mãe, que havia aberto uma academia de dança, tentava me convencer de que poderia ser algo interessante para eu tentar. Mesmo relutante, chegou um momento em que pensei: "É verdade, por que não agora tentar dançar? Esse é o momento de tentar coisas novas e ter experiências que eu achei que não seria capaz de fazer antes". E foi uma das grandes surpresas mais positivas da minha vida. Ao fazer aulas de dança naquele início, em que eu ainda tentava me adaptar por completo com a prótese, percebi que esse era o único momento do meu dia em que eu não me concentrava nos passos e não olhava para o chão, mas pelo contrário, me distraía. Eu tinha que prestar atenção no professor, na música, nos movimentos do corpo e, então, os movimentos da prótese acabavam saindo quase naturalmente. Quando me vi, depois de poucos meses eu estava apaixonada por aulas de dança, e o meu desempenho com a prótese tinha aumentado drasticamente. Não criei um verdadeiro jeito para a dança, mas aquilo não era o importante. Aprendi a me libertar e a ser feliz do jeito que eu era.

Lidar com o novo não é uma receita de bolo

"Eu escolhi a felicidade. Se houver uma mudança em sua vida que não dependa de você para revertê-la, escolha a felicidade."

O MAIS INTERESSANTE DE QUANDO PASSAMOS por algo traumático e que muda a nossa vida da noite para o dia é que muitas vezes, como a mudança física é a mais óbvia para quem vê de fora, as pessoas deduzem que foi o que mais mudou. Mas dentro de nós as coisas começam a mudar aos poucos e, quando a gente percebe, por mais que continuemos sendo as mesmas pessoas, passamos a mal nos reconhecer em alguns aspectos. Eu não sabia, por exemplo, o porquê de tanta vontade de viver e de me aventurar, mas sabia que eu tinha mudado e que aquilo era o que movia a minha vida naquele momento.

Desde aquele início, me comprometi comigo mesma a nunca deixar a bola cair e nunca achar que não seria capaz de fazer algo. Eu sentia que tudo aquilo estava me levando a lugares que nem eu mesma poderia imaginar. Não sabia o porquê, mas aquilo também não me importava. Não buscava respostas, o que eu tinha era muito mais valioso. Eu sabia que todo aquele processo era só o início de uma vida nova e repleta de realizações e que, mesmo sem saber o dia de amanhã, tudo o que estava vivendo me tornava muito feliz.

Olhando para trás e observando tudo isso que eu vivi no início, vejo que por mais que eu tenha passado por momentos extremamente desafiadores, só consigo me lembrar com carinho e alegria de todo esse processo de mudança.

Sei que constantemente nos pegamos com medo da mudança, e a zona de conforto parece o melhor lugar para estarmos, mas não é sempre assim. Mudar requer coragem, sair do território que já conhecemos é uma das coisas mais desafiadoras que vivemos durante a vida, mas se pararmos para pensar, a nossa vida é feita de mudanças.

O mundo está constantemente mudando, e nem sempre vamos estar preparados. Existem mudanças boas, mudanças ruins, mudanças que a gente escolhe e outras que vêm de surpresa. De toda forma, a única certeza que temos é que nada vai continuar como é. Uma hora ou outra, tudo vai mudar. Mas sabe a única coisa que sempre podemos controlar? A maneira pela qual reagimos a essas mudanças. A escolha que fazemos e a atitude que tomamos a partir dessa mudança faz toda a diferença. O ser humano é altamente adaptável, e essa é uma das características mais valiosas que temos. Então, que a gente saiba ter sabedoria para lidar com essas mudanças também.

O nosso pensamento e a forma de encarar a vida têm o poder de mudar tudo à nossa volta. Por mais difícil que uma situação seja, ela vai nos trazer algo de bom. Insista em ver o lado positivo das coisas, tente enxergar o que cada situação pode te ensinar. Eu te garanto que a forma pela qual você vê as coisas vai mudar tudo na sua vida.

Eu escolhi a felicidade. Se houver uma mudança em sua vida que não dependa de você para revertê-la, escolha a felicidade. Quando situações ocorrem em nossa vida e nada do que façamos pode resolver, é a hora de tentar colocar a praticidade na frente. Entendo que possa doer, e seguir em frente não é uma escolha fácil, mas é a sua única opção.

Outro dia, uma menina me contou que estava extremamente triste por ter descoberto que tinha uma doença sem cura e que tinha muita dificuldade de seguir em frente depois daquilo. Eu então a lembrei de que era a única opção que ela teria. Podia doer, mas era um fato ela ter essa doença. No dia seguinte, quando ela acordasse, ela ainda teria que lidar com o fato de ter essa doença. E a vida não espera a gente, entende? Os dias vão passando, e aquela realidade continua a mesma. Ali é a hora de tentar colocar a racionalidade na frente. O quanto a sua vida vale? Tente dar valor aos dias, por mais que a realidade que você enfrenta não seja a que você escolheria.

O caminho pode não ser uma linha reta, não vai ser uma receita de bolo nem todos os dias serão os mais fáceis, mas quando escolhemos a felicidade e fazemos a nossa parte, o Universo faz a parte dele também. E quem sabe as coisas mais incríveis da sua vida vão chegar a partir de uma mudança inesperada ou uma situação difícil? Eu vi o momento mais difícil da minha vida se tornar também a maior oportunidade dela.

Sobre amor: Arthur

"Ele era a única pessoa que não mudou em nada a forma de me tratar pós-acidente."

O QUE EU VOU CONTAR AGORA é sobre uma verdadeira história de amor. Não aquelas histórias de príncipe e princesa que terminam com um final de "felizes para sempre". Essa é aquela verdadeira história de amor dos tempos modernos, ou de todos os tempos.

Sabe aquela história de que as melhores coisas na nossa vida acontecem quando menos esperamos? Assim aconteceu comigo. Conheci Arthur quando eu tinha dezenove anos em uma balada, no dia 27 de outubro de 2013. Sim, a gente encontra pessoas legais em baladas também (risos).

Era um domingo à noite, e minha melhor amiga, Fê, tinha me chamado para ir com ela a uma balada em Belo Horizonte, chamada Chalezinho. Ela queria encontrar um cara que ela estava paquerando na época, chamado João. Aquela noite tocaria sertanejo, que eu amava e, mesmo indo só com ela, nunca me importei em ficar sozinha nos lugares ajudando minhas amigas. O que jamais imaginei é que aquela noite, em que eu supostamente ajudaria a minha amiga, me reservaria uma grande surpresa, e eu acabaria conhecendo uma pessoa que se tornaria uma das mais importantes da minha vida.

Cheguei à balada com a Fê e em poucos minutos encontramos o paquera dela, João, com mais dois amigos: Dudu e Arthur. Aqueles dois tinham um jeito muito parecido: ambos muito extrovertidos e falantes, então de cara me dei muito bem com eles. Arthur tinha resolvido ir àquela festa para encontrar uma menina com que ele estava ficando. E olha só como o destino é: assim que ele chegou lá, encontrou com ela na porta, e ela contou para ele que não estava se sentindo muito bem e que precisaria ir embora. Mesmo assim, ele resolveu ficar com os amigos.

Aproveitei a noite inteira com a companhia dos meninos, já que a Fê estava na função de paquerar. Aquele dia, excepcionalmente, vários caras começaram a me abordar, então, mesmo tendo conhecido o Arthur naquele mesmo dia, acabei combinando com ele que pediria sua ajuda para me puxar sempre que um homem fosse conversar comigo, já que eu não estava interessada em conhecer ninguém naquela noite. Ele concordou com aquele meu plano e, durante toda aquela noite, acabou me tirando de perto dos caras, dizendo que estava comigo. Sem dúvida notei uma conexão diferente com ele naquela noite, mas até então achava que seríamos grandes amigos. Até que, pouco antes da festa acabar, ele me disse:

— Paola, não vou te ajudar mais, você fica dando mole pra esses caras!

Fiquei superbrava e achei um absurdo ele falar que eu estava "dando mole" para alguém. Foi então que pela primeira (e última) vez na vida, dei um tapa em alguém. Arthur conta para as pessoas que foi ali que ele se apaixonou. Espero realmente que ele tenha se apaixonado pela minha simpatia, alegria e conversa, e não pelo meu tapa (risos). Acho que nunca saberemos a resposta para essa pergunta, né?

A verdade é que ali algo de diferente foi despertado, tanto em mim quanto nele. Não fiquei com ele dentro da festa, mas entramos no mesmo táxi para ele me deixar em casa. Assim que entramos no carro, ele disse que me deixaria fazer algo que eu quisesse se eu desse um beijo nele. Concordei e o beijei na mesma hora. Aquela noite acabava da mesma forma que havia começado: de forma leve e incrivelmente divertida. Chegando à porta do meu prédio, que ficava a pouco mais de dez minutos do local da balada, peguei o celular do Arthur e salvei o meu número. Na mesma hora, ainda com o celular dele nas minhas mãos, enviei uma mensagem para mim mesma do celular dele que dizia: "Oi, linda!".

No dia seguinte, sem me lembrar de que eu mesma tinha me mandado aquela mensagem, acordei na minha casa e respondi: "Ei!". Ele brincou comigo sobre isso, rimos muito, e naquele momento notei que ele era alguém diferente na minha vida. A partir daquele dia não paramos mais de nos falar. Conversava com ele todo o tempo que eu tinha ocioso, de dentro de casa, da academia e até fazendo bicicleta. Eu não tinha vontade de ficar sem falar com ele, e o assunto parecia não acabar nunca. Não via a hora de reencontrá-lo de novo, e aquela sensação de frio na barriga de início de relacionamento era uma das melhores coisas.

Encontrei o Arthur mais algumas vezes e, quando vi, já estava completamente apaixonada. Ele era divertido e me fazia rir muito. Nos divertíamos e tínhamos gostos muito parecidos para filmes, séries e comidas (coisas que eu valorizo bastante, risos). Estar com ele me fazia transbordar. Eu não costumava me abrir muito para as pessoas e sempre tinha sido fechada em relacionamentos, mas com ele era difícil ser assim.

Nessa história só havia um pequeno detalhe: Arthur, quando me conheceu, tinha acabado de terminar um namoro de três anos e, logo que terminou, fechou um intercâmbio para a Austrália; ficaria seis meses estudando inglês. Ele me contou isso em uma das primeiras noites que saímos, mas, como eu não sabia como seria o futuro, não me preocupei. Não sabia se estaria com ele no dia seguinte, quem diria três meses depois.

Na noite em que conheci o Arthur, ele me contou que passaria a virada de ano com os amigos dele em Búzios. Achei incrível, já que todas as minhas amigas também passariam lá. Só havia um problema: eu tinha dito para as minhas amigas que em hipótese alguma iria para lá, então elas já tinham reservado todos os quartos. Mesmo assim, eu disse para ele: "Nossa, que coincidência. Eu também vou! Todas as minhas amigas vão!".

Já saí daquela noite mandando mensagem para as minhas amigas perguntando se teria alguma forma de eu ainda ir na viagem e, depois de muitas mudanças de planos, elas conseguiram uma forma de eu ainda ficar no quarto com elas.

Por mais que eu tivesse ficado em uma pousada com as minhas amigas, eu e ele passamos a virada de ano juntos em Búzios. Dizem que o que fazemos na virada atraímos para o ano seguinte, né? Dito e feito.

Ficamos juntos praticamente todos os dias até a hora de ele embarcar. Eu tentava não pensar em quantos dias ainda faltavam, mas a data ficava cada vez mais próxima. Então, no dia 12 de janeiro, chegou o dia do voo dele para a Austrália. Me lembro perfeitamente até hoje de ele me deixando em casa, do portão da minha garagem fechando e de ele indo embora de carro para a casa dele, para então ir para o aeroporto. Senti uma mistura de angústia com tristeza. Eu tinha vontade de pedir para ele não ir, mas nada do que sentisse naquele momento mudaria os fatos. Eu teria que viver os próximos seis meses longe dele e rezar para que, se fosse para ser, nos encontraríamos no final disso.

Naquela época, as coisas não eram tão simples, e eu não conseguiria pegar um avião e ir visitá-lo. Teríamos que manter o nosso relacionamento, que ainda não era namoro, por conversas pelo telefone, mensagens e videochamadas. Pensar naquilo me fazia chorar continuamente. Eu ainda era muito jovem, vivendo meu primeiro grande amor, teria que aprender a lidar com a distância e com um fuso horário de doze horas.

No início tudo deu certo e nos falávamos todos os dias. Mas à medida que o tempo foi passando, a comunicação piorou bastante, já que as doze horas de fuso horário não ajudavam em nada. Conseguíamos nos falar de madrugada e de manhã cedo, quando não tínhamos outros compromissos. Logo nos primeiros meses, acabamos conhecendo outras pessoas e nos afastando um pouco. Faltava bastante tempo para ele voltar para o Brasil e, como eu descobri que ele estava ficando com outra menina também, decidi me afastar. Discutimos, e eu fiz uma promessa a mim mesma de que não ficaria nunca mais com ele — mal sabia eu que não seria capaz de manter essa promessa por muito tempo.

Era início de agosto, e ouvi alguns amigos dizerem: "Arthur está chegando amanhã". Não consegui conter a minha ansiedade. Por mais que eu estivesse ainda brava com toda a situação, estava muito ansiosa para encontrar com ele de novo e ver como tudo seria. Impulsiva, descobri a primeira balada que ele iria quando voltasse, liguei para a minha melhor amiga Fê e combinamos de ir ao mesmo local, fingindo que seria uma grande coincidência. Me arrumei com a roupa mais linda que eu tinha para o tão esperado momento.

Claro que esse reencontro teria que ser no exato lugar em que eu o conheci. Cheguei naquela casa noturna já ansiosa para encontrá-lo, mas passei um tempo com alguns amigos e me distraindo com a Fê. De repente, quando estava indo ao banheiro, me deparei com ele. Quando o vi, não consegui me manter distante. Conversamos a noite inteira, fomos embora juntos e a partir daquele dia enfim ficamos juntos para valer.

Nos víamos todo final de semana e passávamos muito tempo juntos. Até que no dia 15 de dezembro de 2014 ele me pediu em namoro. Depois de alguns percalços, podíamos finalmente ficar juntos. Resolvemos então marcar a nossa viagem de Ano-Novo para Búzios novamente, já que a do ano anterior tinha sido maravilhosa. Dessa vez, sem casas separadas. Iríamos com oito casais de amigos.

Achamos que seria uma ótima ideia irmos de carro, afinal as passagens estavam muito caras, e a viagem de carro sem dúvida seria muito divertida, teria paisagens lindas e seria uma nova aventura que faríamos juntos. Resolvemos de última hora dar carona até Búzios para outros dois amigos nossos: Gabriel e Ricardo.

O nosso acidente aconteceu no dia 27 de dezembro de 2014, exatamente doze dias após o pedido de namoro. Não tivemos aquela fase inicial do namoro ou aquela falta de intimidade. Tudo aconteceu da forma mais intensa possível, mas também da forma mais especial que se possa imaginar. Poucas são as pessoas que em vida têm a oportunidade de viver uma história dessas com alguém. Eu vejo a sorte que tive por ter passado por isso ao lado dele.

Depois do acidente, fomos em ambulâncias separadas até o hospital. Ele tinha machucado a perna também e teria que fazer alguns exames para descartar algo mais complexo. Dentro do hospital, já deitada na maca antes de entrar para a cirurgia, como já mencionei, lembro de olhar para o lado e ver o Arthur deitado na maca ao lado. Olhar para ele me trazia paz, me trazia a certeza de que tudo ficaria bem.

Eu, que sempre tive tanta dificuldade com palavras e para me expressar carinhosamente, ainda não tinha falado que o amava, por mais que ele já tivesse me falado algumas vezes. Mas eu já sabia que o amava há muito tempo. Olhando para ele naquele momento no hospital, com a perna toda machucada e sentindo muita dor, cogitei várias vezes dizer sobre tudo o que sentia, mas tive medo e não quis falar aquilo antes de entrar na cirurgia, pois tinha medo de algo acontecer comigo. Concluí que se eu deixasse algo em "aberto", eu continuaria viva após a cirurgia. Deus não poderia tirar a minha vida sabendo que eu tinha algo tão importante para dizer a alguém (risos).

Se aquele pensamento fazia sentido ou não, o que importa é que acabou dando tudo certo. A cirurgia de amputação tinha sido um sucesso. Logo após os meus pais me darem a notícia da amputação, o Arthur entrou pela porta da UTI e foi me encontrar. Eu sentia tanta felicidade em vê-lo e queria logo dizer para ele sobre como eu estava bem, que estava tudo certo. Ele mandou uma foto para as minhas amigas as tranquilizando e dizendo que eu estava bem, e me lembro de que, quando foi embora, chorou muito, ainda dentro do hospital, de emoção por tudo que estávamos vivendo.

Já nos primeiros dias no hospital, ele ficou comigo durante todas as tardes, sem exceção. Eu dormia quase todo o tempo, por causa dos inúmeros remédios que tomava. Mesmo assim, ele ficava de mãos dadas comigo e me fazia companhia durante todo o tempo. Depois de alguns dias, eu ainda tinha uma pendência. Uma noite, conversando com ele pelo WhatsApp, eu me despedi: "beijos, te amo!". Foi a primeira vez que eu falei isso para ele — e tive que tomar muita coragem para fazer isso, porque eu tinha uma enorme dificuldade de falar de sentimentos naquela época. Eu não tinha dúvidas de que o amava, mas ali senti mais forte do que nunca.

O acidente foi no dia 27 de dezembro, bem pertinho do Ano-Novo. Sabíamos que a vida tinha nos surpreendido e que teríamos que passar a nossa tão esperada virada de ano dentro do hospital, mas continuávamos superanimados para passar aquele dia juntos, afinal, tínhamos que continuar com a tradição de atrair a nós mesmos para o ano seguinte.

Quando chegou o dia 31 de dezembro às dez horas da noite, a Fê e o Arthur chegaram ao hospital. Eles levaram uma pizza gigante do sabor que eu mais gostava na época, que era frango com catupiry, e um doce que eu amava de abacaxi. Nossa expectativa durou pouco, porque eu não consegui ficar acordada por causa dos remédios e acabei dormindo faltando alguns minutos para completar meia-noite. Não consegui comer nada e nenhum dos nossos planos acabou saindo como imaginamos, mas foi incrível saber que eu tinha pessoas tão especiais na minha vida. Pessoas que, podendo passar a virada de ano onde quisessem, tinham escolhido passar comigo dentro de um quarto de hospital enquanto eu dormia. Aquela foi sem dúvida a virada de ano mais especial da minha vida. Festa ou viagem alguma seria mais especial do que aquele momento.

Assim que saí do hospital, decidimos que eu precisaria ficar hospedada na casa do meu tio, já que não podia ter contato com meu cachorro por alguns dias por indicação médica. Todos os dias, sem exceção, o Arthur ia para lá passar a tarde comigo. Fizemos um combinado de pegar a lista com todos os filmes mais bem avaliados do IMDb para assistirmos. Então, todas as tardes eram exatamente iguais: comprávamos pães de queijo, outras comidas deliciosas, fazíamos pipoca e ficávamos no sofá zerando a nossa lista de filmes.

Tudo corria bem, e eu me sentia em uma constante melhora. As dores iam ficando cada vez mais fracas, e eu ia me adaptando a essa nova realidade amputada. No dia 10 de janeiro, o médico tinha marcado meu retorno para o hospital para enfim tirar os pontos da amputação. Eu estava superanimada, porque assim que fizesse isso, poderia começar a olhar próteses e seria um alívio ver que o pior já tinha passado. Chegando lá, ele foi fazendo uma raspagem na minha perna, e fui vendo que a reação, tanto dele quanto da minha mãe, que estava junto na sala, não era a melhor. Ele percebeu que grande parte da minha perna tinha necrosado e, por isso, eu teria que fazer uma segunda cirurgia de amputação e com urgência.

Me lembro bem de, assim que sofri a amputação, ter celebrado muito o fato de ter sido abaixo do meu joelho. As próteses não só seriam mais baratas como eu também teria mais facilidade para me reabilitar e andar de novo. Ao mesmo tempo, depois do acidente, eu acabei tomando a decisão de sempre me apegar aos fatos positivos. Por isso, todos os dias eu e minha mãe sempre falávamos sobre como era bom eu ter o movimento do meu próprio joelho e eu agradecia muito por cada parte daquela perninha.

Quando o médico nos contou da necessidade de uma segunda amputação, foi uma mistura de sentimentos. Ele afirmou que sem dúvida eu perderia o meu joelho, mas não podia afirmar o quanto mais teria que amputar. O médico disse que fariam o melhor para não ter que amputar muito mais, mas que só poderiam saber sobre a situação real da minha perna quando a abrissem no bloco cirúrgico novamente.

No momento em que saí da sala dele, em uma cadeira de rodas, as primeiras lágrimas desde o dia do meu acidente caíram dos meus olhos. Eu tentava conter o choro enquanto meu pai empurrava a cadeira de rodas até a saída do hospital, mas sentia uma angústia que não cabia em mim. Eu passaria novamente por uma cirurgia extremamente invasiva, sem saber quanto da minha perna seria amputada e teria que passar por todo o processo do hospital de novo. Tinha muito medo do que poderia acontecer e muita insegurança de me expor de novo a uma cirurgia com anestesia geral.

Não teria outro jeito. Minha cirurgia foi marcada com urgência para o dia seguinte, e a noite anterior foi muito difícil. Eu não queria subir mais a amputação, não queria passar por tudo aquilo de novo. Foi aí que o Arthur, em casa comigo, me falou algo que mudou o meu pensamento na hora:

— Paola, o importante é a sua vida. Se não amputarem de novo, você não vai ficar viva. Independente do que eles tiverem que amputar, já amputaram uma parte, agora que eles amputem o quanto for necessário. A sua vida é muito mais importante do que isso.

Aquela fala dele mudou tudo naquele momento e, com certeza, guardo esse dia como um dos mais importantes da minha vida. Pensei: "É isso! Amputem o quanto for necessário, o importante é a minha vida". Ele foi tão importante aquele dia e me ajudou a ser otimista, mesmo quando tudo era uma incerteza.

Fiz a cirurgia no dia seguinte, e foi um sucesso. Perdi meu joelho, mas subiram o mínimo necessário a amputação. A partir dali tudo foi um crescente. Comecei a me recuperar e me preparar para as fisioterapias que seriam partes essenciais para a minha reabilitação.

Durante meses, o Arthur foi todos os dias me acompanhar nas minhas sessões de fisioterapia. Depois disso, ficava em casa comigo. A primeira vez que coloquei uma prótese foi ao lado dele. Ele me ajudava nos treinamentos, me encorajava, não me deixava desistir e, me fazendo companhia, sem dúvida tornou tudo mais leve. Minhas maiores frustrações, medos e inseguranças daquela época, só ele sabia. A primeira vez que fui à praia após o acidente, foi com ele. Minhas primeiras viagens e aventuras foram todas com ele. Ele redescobriu tudo ao meu lado. Não precisei contar para ele sobre próteses ou sobre esse novo mundo, ele simplesmente estava ali.

Não consigo pensar em momentos importantes no início de tudo em que ele não estivesse ao meu lado. Se hoje sou o que sou e conquistei tudo que tenho, devo muito disso ao Arthur. Nada teria sido da mesma forma sem ele. Ter uma pessoa ao meu lado me apoiando em um momento de tanta fragilidade e tantas dúvidas me fez ser mais confiante e acreditar que eu poderia ir além. Ele foi calmaria e conforto e, ao mesmo tempo, emoção e intensidade. Arthur foi meu companheiro de verdade.

Ele brigava comigo quando tinha que brigar, reclamava, sempre achava que eu podia ir além e me motivava. Ele era a única pessoa que não mudou em nada a forma de me tratar pós-acidente. Enquanto todos ficaram mais cuidadosos, delicados, ele sempre agiu normalmente, e de certa forma isso foi importantíssimo para mim. Agia como se nada fosse diferente, como se nada tivesse mudado. A maneira com que ele encarou tudo com tanta naturalidade me fez ter calma e viver um dia de cada vez.

Conheci todas as falhas e dificuldades dele, assim como ele também conheceu as minhas. Ele conheceu a Paola que quase ninguém conhece. Arrisco dizer que ele conhece partes minhas que talvez nem eu mesma ainda tenha conhecimento. Ele conheceu os meus lados obscuros, as minhas falhas, dificuldades e tristezas. Arthur passou ao meu lado todos os momentos mais difíceis da minha vida. O mais lindo foi que, independente de tudo, ele nunca desistiu de mim. Ele acreditou, se jogou, viveu, se entregou. Ele sempre me estendeu a mão. Desde o início entrou em uma realidade nova, que nenhum dos dois imaginava viver e deu o melhor dele dia após dia.

Este capítulo tinha que existir. Por ele ser quem ele é, por tudo que ele fez, por tudo que ele foi e pelo que ele sempre vai ser. Arthur, sem dúvida, é uma das pessoas que mais me conheceu na minha essência. Ele sempre vai ter um papel único e especial na minha vida. Não estamos mais juntos, mas tudo que ele fez por mim naquela época vai ser lembrado para sempre com muito amor.

Muitas pessoas vivem em busca de amores perfeitos, mas o amor não é assim. Minha história com o Arthur foi amor, é amor e sempre vai ser amor. Os amores mais lindos não são vividos com planejamento ou expectativa, eles simplesmente acontecem. As histórias mais lindas acontecem quando menos imaginamos, da forma mais inesperada. Nos conhecemos da maneira mais mágica e pura que podemos conhecer alguém. Ele é uma parte de mim e sempre vai ser. Assim como eu sempre vou ser uma parte dele.

Aprendendo a amar o meu novo corpo

"Eu tinha orgulho do que tinha vivido e todas aquelas cicatrizes contavam a minha história."

Lidar com o nosso corpo nunca é uma tarefa fácil. Estar dentro do padrão ou fora do padrão que a sociedade nos impõe, a cobrança indireta que recebemos e as comparações que nós mesmos fazemos, principalmente na era digital em que vivemos, tornam o processo de aceitação ainda mais desafiador. O processo de aceitação e amor pelo meu corpo nem sempre foi uma tarefa fácil para mim, mas não me refiro ao pós-acidente. Antes mesmo de eu perder a minha perna, na minha adolescência, acabei enfrentando uma grande dificuldade para amar o meu corpo e conviver em paz com ele por um motivo muito pequeno: estrias.

Quando adolescente, tive um "estirão" um pouco mais rápido que o normal e logo vi que, junto com o crescimento dos meus seios, nasceram muitas estrias. O que hoje para mim parece simples e banal, na época se tornou o motivo de eu perder a minha paz e de não aceitar bem o meu corpo. Me lembro que, na época de escola, as minhas colegas tinham uma ou outra estria no corpo, mas no meu caso aquelas marquinhas dominavam quase o meu seio por completo. Enquanto todas usavam biquínis e amavam combinar com a turma de irem para um sítio ou clubes, situações como essas sempre me deixavam extremamente apreensiva.

Eu não me achava bonita, não me achava atraente. Com a autoestima relativamente baixa, tinha medo de que as pessoas não me achassem atraente também. Perdia noites de sono pensando no que as pessoas pensariam quando descobrissem que eu tinha estrias. Questionei por bastante tempo o porquê de aquilo ter acontecido comigo e eu sempre procurava alguma alternativa para tentar fazer com que elas desaparecessem. Tratamentos, cremes, mas nada de fato adiantava. Eu não só deixava de usar biquínis na praia, como jamais usava decotes ou blusas um pouco mais abertas.

Naquela época, sem saber ainda o que a palavra "representatividade" significava, entrava diariamente na internet e fazia pesquisas para tentar encontrar famosas que também tinham estrias nos seios. Sentia que se encontrasse uma mulher que, apesar dessa característica, fosse considerada linda, fosse uma atriz ou cantora de sucesso e fosse famosa, aquilo poderia talvez não ser tão ruim quanto eu pensava, mas quase nunca a minha procura era bem-sucedida.

Tempos depois, por causa do tamanho dos meus seios, acabei ficando com uma postura ruim e sobrecarregando bastante as minhas costas, então, aos dezoito anos, conversei com a minha mãe e pedi para que ela me levasse em um cirurgião plástico para ele me consultar e ver se me indicaria ou não fazer uma mamoplastia redutora. Ela concordou e então agendamos de ir juntas um dia. Eu sabia que poderia confiar na avaliação dele, porque além de ser um médico muito bom, ele tinha se recusado a fazer essa mesma cirurgia em algumas pessoas que eu conhecia.

Durante a consulta, ele me assegurou que eu deveria fazer a cirurgia de mamoplastia redutora. Ele me disse que eu era jovem e que, mais cedo ou mais tarde, poderia ter sérias complicações na minha saúde por sobrecarregar as minhas costas. Alguns meses depois, no meio da minha aula na faculdade de administração, me ligaram e me avisaram que aquele seria o dia da minha cirurgia. Fui direto para lá, e em pouco tempo a operação estava feita e havia sido um sucesso.

Hoje, depois de tudo o que passei e de como mudei a minha visão sobre o nosso corpo físico, não posso dizer que me arrependo da decisão que tomei, porque depois dessa cirurgia não tive mais dores e tive uma melhora considerável na minha qualidade de vida. Mesmo assim, não foi ali que tive uma grande melhora da minha autoestima. Toda a mudança foi acontecer quase dois anos depois, justamente quando perdi a minha perna.

Quando sofri a amputação, tive que reconhecer o meu novo corpo e reaprender a me amar, de pouco em pouco. Me lembro que, ainda no hospital, quando soube do ocorrido, reagi superbem, mas decidi não olhar para a perna amputada nos primeiros dias. Quando as enfermeiras abaixavam o lençol para trocar o meu curativo, eu olhava para o lado. Para tomar banho, eu também preferia olhar para cima ou para os lados. Sabia que ainda precisava me preparar antes de ver o tamanho da mudança no meu corpo, então respeitei o meu tempo e não tive pressa.

Depois de alguns dias, criei coragem e olhei para a minha perna. Ela ainda estava enfaixada, então foi supertranquilo. A sensação foi de completo alívio. Não era tão ruim quanto eu pensava. Aos poucos, depois de me acostumar bastante com ela enfaixada, decidi ver ela sem a faixa. Confesso que toda essa fase de reconhecimento foi um processo interessante e diferente, mas não foi doloroso. Não foi doloroso porque eu não apressei as coisas. Não tive a pressão de ter que olhar e aceitar a minha nova realidade de cara. Eu sabia que ela estava ali, sabia que estava diferente, mas queria me preparar para olhar para ela com amor e respeito à minha história. Queria ir com calma, queria estar pronta. Eu já viveria com aquela perninha para o resto da minha vida a partir daquele dia, então todo o tempo que tomasse para aquele processo não seria tanto assim.

Acho que só fui ter a real percepção da "falta" de uma parte da minha perna quando olhei no espelho pela primeira vez.

Estranhei porque daquele ângulo era mais visível que algo faltava. A perninha ainda estava bastante inchada e as cicatrizes bem avermelhadas, então comecei a repetir esse processo do espelho dia após dia, até que se tornasse algo usual para mim. Sempre que olhava para o meu corpo, eu falava em alto e bom tom frases com afirmações positivas: "Graças a essa perninha eu estou viva e posso realizar todos os meus sonhos!"; "Obrigada meu Deus por essa perninha, tenho muita gratidão por isso!".

Uma vez, algumas semanas após a amputação, fui brincar de guerra de travesseiros com o Arthur. Em certo momento fui ajoelhar na cama e vi que não conseguia mais fazer aquilo. O joelho da minha prótese era bem mais longo do que o da perna. Naquele momento algumas lágrimas caíram dos meus olhos. Era algo pequeno, mas que representava que realmente as coisas tinham mudado e eu teria que me adaptar a elas. Depois daquela situação, entendi que não podia mais ajoelhar e lidei superbem com aquilo, fazendo até mesmo brincadeiras.

Além da minha perna esquerda, que agora estava amputada, a minha perna direita também tinha uma grande cicatriz de cima a baixo, resultado da remoção da minha veia safena no dia da minha primeira amputação, na tentativa de salvar a perna esquerda. Eu olhava para a cicatriz, passava a minha mão sobre ela e em momento algum me incomodei ou me preocupei com aquelas novas marquinhas em mim. Eu tinha orgulho do que tinha vivido, e todas aquelas cicatrizes contavam a minha história. Elas contavam sobre tudo o que eu tinha passado. Não há nada mais lindo do que isso.

A partir daquele momento, toda a minha visão sobre o nosso corpo mudou drasticamente. Percebi que as tantas coisas que tiram a nossa paz ou nos deixam insatisfeitos não são nada perto do que é a nossa vida. Percebi que a nossa verdadeira beleza não está em um corpo "perfeito" ou dentro dos padrões. A nossa verdadeira beleza está na nossa história, no que temos dentro da gente, nos nossos aprendizados, nosso jeito. A autenticidade, inclusive, é uma das maiores formas de beleza.

Ao longo do tempo, fui entendendo melhor o meu corpo, aprendendo a amar cada cicatriz, cada parte dele. Amar não só a minha perna amputada, mas cada roxo e cada uma das minhas estrias também. Foi libertador entender que algo do qual eu tinha tanta repulsa era na verdade mais uma das coisas que me tornavam quem sou. Eu entendi como aquilo era pequeno e como tantas vezes perdemos a nossa paz com coisas insignificantes. A partir daquele dia nunca mais me incomodei com as minhas estrias. Elas eram parte de mim e contavam a minha história.

Olhando para o meu corpo, podia ver tudo pelo qual eu tinha passado. Lembrava do meu acidente, lembrava das minhas inseguranças de quando era adolescente, lembrava de alguns tombos que tinha levado. Quando me olhava no espelho, percebia que alguns traços do meu rosto me lembravam a minha mãe, outros, o meu pai. Alguns outros eram a junção exata deles. O quão mágico é isso? Eu tinha uma parte deles comigo para sempre, fui formada por eles, e isso era lindo e especial. Jamais ia querer mudar o que me fazia justamente única.

Guardo cada momento inicial com muito carinho. Foi incrível descobrir essa capacidade de adaptação que temos, e foi incrível poder enxergar com clareza como nosso corpo é incrível da forma que é. Vejo a beleza da mulher indo muito além do que ter um cabelo bonito, ser bronzeada ou ter um corpo perfeito. Ser mulher está nos detalhes, na beleza interior, na personalidade, na autenticidade, na garra. A beleza está presente na história de cada uma, na superação, na luta diária, nas marcas que a vida nos deixa. Cada mulher é linda da sua própria maneira, do seu jeito, com as suas características. Independente da cor, do cabelo, das cicatrizes, das deficiências. Cada uma tem o que a torna única e incrível.

Fora o meu corpo, algo que também mudou em mim foi a forma de andar. Perder a minha perna, por mais adaptada que eu estivesse com a prótese, me fazia mancar um pouco quando eu me locomovia. Eu nunca me incomodei com isso. Andar compensando só seria uma preocupação para mim se prejudicasse a minha saúde. Fora isso, eu entendia que as coisas não seriam exatamente iguais. Eu mancaria sim, puxaria um pouco mais a minha perna do que o normal, mas isso era outra coisa que me tornava do meu jeitinho.

Até que chegou um dia em que recebi uma ligação e fui convidada para participar do meu primeiro desfile para uma grande marca de Belo Horizonte. A alegria não cabia dentro de mim! Eu não só era amputada, mas também era pequena, o que para mim tornava uma conquista dupla. Mal poderia imaginar que eu participaria de um verdadeiro desfile. Avisei para todos os meus amigos e familiares e, dois dias antes do evento, fui conhecer o diretor do desfile e toda a equipe. Mais tarde, quando já estava em casa, recebi uma ligação me informando de que infelizmente eles teriam que me cortar do desfile, pois tinham medo de eu cair no meio da passarela e poderia ser um pouco complicado. Naquele momento fiquei muito triste. Pensei comigo mesma: "Não haveria problema se eu caísse desfilando. Se eu levasse um tombo, me levantaria e continuaria na passarela. Inclusive acho que seria ainda mais lindo e emocionante". Mesmo chateada, continuei otimista de que talvez coisas melhores ainda fossem acontecer.

Meses mais tarde, recebi um convite de um evento para desfilar. Estava tão entusiasmada que decidi então me preparar da melhor forma para o grande dia.

Fui ao shopping com duas das minhas melhores amigas, Ana Flávia e Fernanda, com a missão de comprar o meu primeiro salto alto após a minha amputação. A tarefa não foi fácil, mas após algum tempo de procura, encontrei um saltinho de três centímetros, nude e com salto quadrado. Senti na hora: era aquele! Sem dúvida aquele sapato me daria segurança na passarela, mas mesmo assim me sentiria ultrapassando um limite ao usar um salto pela primeira vez e andando sozinha e sem nenhum tipo de apoio.

Depois de comprar o meu salto alto, começou a segunda parte da missão do desfile: treinar a minha caminhada com aquele sapato que eu nunca tinha usado antes. De segunda a sexta-feira eu ia na fisioterapia treinar a minha caminhada. Eram exercícios com pesos, em cima da esteira e até com obstáculos. Tudo para eu estar preparada quando chegasse o momento do desfile. Na sexta-feira, depois de semanas de treino, eu já tinha feito tudo o que podia e estava pronta para aquela noite que ia ser uma das mais especiais da minha vida.

Quando chegou a hora de subir na passarela, as minhas mãos suavam e eu sentia o meu coração batendo forte. A passarela era inclinada e bastante estreita – e para aquilo eu não havia treinado. Mas eu sabia que daria o meu melhor e, como eu já tinha concluído antes, se caísse era só me levantar e continuar desfilando.

Comecei a andar pelo palco em direção à parte que era inclinada. Logo na subida já vi os meus pais, meus irmãos e o Arthur, que estavam sentados juntos. A cada passo que eu dava, era um passo a menos para eu conseguir concluir o meu objetivo. Foi então que, assim que eu coloquei os meus pés na passarela inclinada, toda a plateia já começou a aplaudir entusiasticamente. As pessoas começaram a se levantar, uma por uma, gritando o meu nome e assobiando, celebrando aquele momento.

Eu tinha conseguido! Consegui terminar o meu primeiro desfile e todo o meu esforço das semanas anteriores tinha valido a pena. Eu sabia que não importava se eu caísse, desequilibrasse ou mancasse. Não era sobre isso. Era sobre ultrapassar limites e fazer coisas que eu jamais imaginaria fazer depois da minha amputação. A alegria que eu sentia não cabia dentro do meu peito, e ter todo aquele reconhecimento e ver tantas pessoas vibrando por mim não teve preço. Saí do desfile e encontrei as minhas amigas, que também tinham ido me assistir, e comemoramos juntas durante toda a noite. Foi uma das noites mais marcantes que eu vivi até hoje. Depois daquele dia, o "não" que eu tinha levado meses antes fez sentido e entendi que nada podia ter acontecido de forma mais especial e perfeita.

Passar pela experiência do desfile foi mais uma das provas de que eu conseguiria chegar aonde eu quisesse. Ali percebi que eu tinha realmente gostado de entrar no mundo da moda, de participar de desfiles, tirar fotos e tudo que abrangia esse universo. Já saí entusiasmada e na expectativa de receber outros convites. E foi exatamente assim que aconteceu. Depois daquele dia eu participei de inúmeros desfiles e campanhas, e participar de tudo isso com a minha perninha tornava tudo ainda mais especial. Só havia um detalhe: eu sentia falta de colocar uma cor na minha prótese e tive a ideia de transformá-la não só na minha perna para me locomover, mas também em quase um acessório.

Minhas próteses brilhantes e coloridas

"Com essa vontade de fazer as crianças acharem a minha prótese algo incrível, sempre inventei histórias: 'Estou virando um robô aos poucos'; 'Sou uma mulher biônica, do futuro'."

EM FEVEREIRO DE 2016, com o Carnaval se aproximando, eu queria criar algo diferente para colocar na minha prótese. Durante aqueles dois anos, eu tinha usado uma prótese de cor cinza-escuro, quase grafite, se assemelhando à cor de um robô, bem do jeitinho que eu queria. Eu amava aquela cor de perna e adorava inventar histórias para crianças quando me perguntavam o motivo de eu ter uma perna "cinza de robô", mesmo assim, queria inovar um pouco.

Tive então a ideia de encontrar algum tipo de glitter para colar na minha perna. Naquela época não existia nada do tipo, e as pernas, mesmo que coloridas, tinham opções bem limitadas. Saí com a minha mãe de carro tentando encontrar uma tinta ou alguma outra opção que desse para personalizar, até que chegamos a uma loja de plásticos e tecidos que vendia tecidos das mais diversas cores e texturas. Ao andar pela loja, tive a ideia de tentar fazer algo novo: colar um tecido por cima da minha prótese.

Foi então que vi um armário com tecidos de glitter de todas as cores. De cara eu já amei, mas fiquei pensando se não seria ousado demais. Optei então por um tecido prateado brilhante, que ainda assim lembraria um robô, mas que de todas as cores era a mais discreta, afinal, eu lembrava que conviveria com aquele brilho diariamente e 24 horas por dia. Levei para o Fabricio, meu protesista, revestir, e então fui viajar.

A primeira vez que saí em público com a minha perna que brilhava foi no aeroporto de Belo Horizonte indo para o Rio de Janeiro, onde eu passaria o Carnaval com o Arthur. Confesso que eu estava insegura pensando se aquela perna estaria espalhafatosa demais, mas saí confiante de que seria lindo usar brilho não só no rosto e no corpo, mas também na minha perninha.

Foi então que fui surpreendida muito positivamente: a reação das pessoas assim que me viam era a melhor possível, o que me fez me sentir querida e bem. Todos vinham até mim elogiar a perna, falar que haviam achado superlegal, corajosa, que eu estava de parabéns e alguns inclusive perguntavam mais detalhes sobre o que tinha acontecido comigo também. Mas a maior mudança que notei, assim que tornei a minha perninha brilhante, foi a das crianças.

Desde o dia em que saí pela primeira vez de casa, com uma prótese ainda cinza e sem conseguir me locomover muito bem, a reação das crianças me encantava. Elas ficavam perplexas com o que viam. Muitas perguntavam em voz alta: "Pai, o que é aquilo?" ou "Mãe, porque a perna dela é desse jeito?". E quando grande parte dos pais ficava envergonhado e falava: "Filho, não se pergunta essas coisas", eu sempre dizia a eles para que deixassem perguntar e conhecer aquele corpo que era um pouquinho diferente. Eu chamava as crianças para tocar, para ver de perto como era e para sentir o quão forte era aquela perninha robótica. Sempre acreditei que quanto mais elas vissem, tirassem as dúvidas e se acostumassem com o corpo diverso, mais chances teriam de, na próxima vez que vissem aquilo, achar comum. Elas já iam ter visto antes e aquilo não era errado ou feio. Era muito legal!

Com essa vontade de fazer as crianças acharem a minha prótese algo incrível, sempre inventei histórias quando elas me perguntavam o porquê de eu usar aquilo: "Estou virando um robô aos poucos"; "Sou uma mulher biônica, do futuro". E as reações delas eram as mais diversas e verdadeiras: algumas pediam aos pais para terem aquela perna também e diziam que achavam muito linda. Outras, quando eu perguntava: "Não é linda a minha perna?", respondiam sem relutar: "Não achei. Não gostei, achei feia", e eu sempre me divertia com as respostas. Sempre admirei como as crianças são sinceras e verdadeiras em suas respostas. Achando linda ou não gostando, para mim era importante que essa realidade se tornasse comum ao olhar delas. Eu podia fazer de tudo! Eu era feliz mesmo não sendo exatamente como as outras pessoas. E acho que foi exatamente quando chegou uma perninha brilhante na minha vida que me senti de verdade quase uma super-heroína pelo olhar delas.

Depois de revestir a minha perna de prateado brilhante e usá-la durante todo o Carnaval, começou uma nova fase da minha vida. Uma fase ainda mais especial, colorida e brilhante, em que as próteses com glitter nunca mais saíram do meu dia a dia. A prateada se tornou dourada, rosa, azul, vermelha, roxa, verde, lilás e até cores neons. Minha perna tinha literalmente não só virado uma parte de mim, mas a parte mais linda e alegre do meu corpo. Que orgulho eu sentia daquilo!

Comecei a escolher roupas e acessórios baseados nas cores que eu escolhia para a minha perna em cada mês. Tudo tinha que combinar e, quanto mais divertido, melhor. Desde aquele dia, nunca mais deixei o brilho de lado. Parece que era para ser. Parece que sempre foi para existir um brilho nessa parte do meu corpo.

Quando pego fotos do passado ou reviro álbuns da minha adolescência, sinto que falta algo. Sei que sou eu, mas quase não me reconheço. Muito do que forma a Paola de hoje veio através dessa perninha de brilhos. Sou tão grata a ela! Ela me fez crescer e me ensinou, dia após dia, a amá-la de todo o meu coração.

Hoje, há apenas dois momentos do meu dia em que tiro a minha prótese: quando vou tomar banho e quando vou dormir. Nesses dois momentos removo ela cuidadosamente e deixo bem ao meu lado. Na hora de dormir, tenho que colocá-la para carregar, por ser uma perna eletrônica. Todos os dias é o mesmo ritual: colocar o celular para carregar, o computador e a perna. E quando a prótese está de lado, ali tenho o encontro mais importante da minha vida, que sou eu com a minha perninha amputada.

Quando estou sem a prótese, me sinto mais vulnerável. Ali sou eu quase "despida". Tiro a minha armadura de super-heroína e naquele momento sou só eu e a minha perninha. O processo de amar genuinamente a minha perninha amputada demandou tempo e coragem. As pessoas olhavam para a prótese com admiração e encantamento, mas quando eu a tirava ficavam sem jeito e até mesmo desviavam o olhar. Com essa reação, eu também não sabia como me sentir plenamente confiante, mas percebi que precisava trabalhar isso dentro de mim. Eu não tinha como controlar a atitude das pessoas ao meu redor, mas talvez se eu falasse mais abertamente do assunto e mostrasse para elas que aquilo também era belo, as coisas seriam mais simples. O fato era que para sempre eu conviveria com duas versões minhas: a com prótese e a sem prótese. E convivendo com essas duas versões, eu precisava amá-las igualmente.

Fiz terapia e, juntamente com isso, desenvolvi estratégias para amar o meu corpo. Olhava para ele constantemente, entendia tudo o que ele me proporcionava e entendia que ele era o meu templo e que eu deveria cuidar dele. Aquele corpo físico me acompanharia até o final desta minha vida aqui na Terra. Se existiria outra vida após essa? Não saberia e ainda não sei, então preferi fazer desta vida a melhor que eu pudesse e tratar este corpo como o único que tenho. Eu devo amor, gratidão e respeito a ele.

Com o tempo, fui criando ainda mais coragem e, sempre que sentia medo, sabia que eu precisava encará-lo. Enfrentar as minhas inseguranças e tirar a minha perna na frente das pessoas me trazia uma sensação de satisfação enorme. Não importava qual seria a reação delas ou o tipo de pergunta que eu receberia. O importante é que eu me libertaria, de uma vez por todas, de tudo o que me prendia e me impedia de voar.

Sobre procedimentos estéticos

"O corpo físico não vai te trazer felicidade. A nossa autoestima e a nossa autoconfiança são trabalhadas quando trabalhamos as nossas mentes."

Constantemente, sou questionada sobre a minha opinião acerca de procedimentos estéticos. Sempre digo não ser contra o procedimento em si, mas sim contra o exagero. Me questiono até que ponto isso vai. As pessoas, com problemas de confiança e autoestima, muitas vezes se submetem a procedimentos invasivos, concluindo que, se modificarem a aparência física, consequentemente a autoestima melhorará. Isso pode acabar criando um círculo vicioso no qual sempre vão encontrar coisas novas para modificar. Coisas que antes nem incomodavam tanto assim, mas já que dá para melhorar por que não fazer, né? Absolutamente, não. O corpo físico não vai te trazer felicidade. A nossa autoestima e a nossa autoconfiança são trabalhadas quando trabalhamos as nossas mentes.

Todo procedimento estético apresenta algum risco para o paciente. Toda cirurgia, por mais simples que seja, pode gerar complicações. Mas não só isso. Hoje, me preocupo com o exemplo dado a crianças e adolescentes. Cada vez mais vemos crianças insatisfeitas com o próprio corpo, achando a barriga grande demais ou o seio pequeno demais. Crianças, que não deveriam se preocupar com o biotipo ou formato do corpo, hoje até mesmo adoecem por isso. Crianças deveriam brincar, se divertir, ser felizes. Deveriam pensar em escola, nos colegas e nas brincadeiras.

A era da internet acabou levando toda essa parte de padrões estéticos para outro nível. Acabamos tendo acesso a uma quantidade inimaginável de conteúdo não só de vidas aparentemente perfeitas, mas também de corpos aparentemente perfeitos. Assim, a cobrança direta e indireta para termos corpos dentro de um padrão imposto pela sociedade, consequentemente, cresceu muito.

Enquanto de um lado há uma evolução, de outro, o extremo oposto é retratado. Cada vez mais vemos marcas mostrando pessoas reais: corpos diversos, cabelos diversos e pessoas com deficiência. Mas também vemos que a busca por um "padrão" está cada vez mais constante.

Aproveite
a caminhada

"Nunca deixe os seus dias se passarem sem que você tenha feito algo que te proporcione prazer."

Enquanto você está lendo este livro, o tempo está passando e nada do que você fizer vai fazê-lo voltar. Já pensou nisso? Sempre ouvimos clichês como: "Aproveite o hoje como se não houvesse o amanhã", mas nem sempre o que é falado é colocado em prática.

Quantas vezes já perdemos os nossos dias com problemas pequenos ou deixamos algumas preocupações dominarem a nossa cabeça? Muita gente fala que só valorizamos de verdade a vida quando passamos por uma situação difícil, quando perdemos alguém ou quando sentimos como seria perder a nossa própria vida. E sabe que muitas vezes isso é a mais pura verdade? Mas não deveria ser assim. Deveríamos aproveitar cada dia aqui na Terra antes de que algo difícil aconteça.

Certa vez li um texto que falava sobre o fato de que, antes do dia em que você recebe uma notícia negativa – seja uma doença, seja a perda de uma pessoa ou antes de algo muito desafiador acontecer –, sempre existe um dia antes disso, em que estava tudo bem. Em que aquela dor ou aquela preocupação não existiam. Em que você tinha uma noite tranquila, em que sua única preocupação era descansar. Mas a grande questão sobre a vida é que nunca sabemos quando vai ser esse último dia. Não sabemos se é hoje, se é amanhã. Fato é que vamos viver momentos desafiadores, e por isso mesmo não deveríamos aproveitar cada segundo enquanto está tudo bem?

Nós temos o costume de nunca achar que algo ruim vai acontecer com a gente. Seja porque somos jovens demais, ou aventureiros demais, ou simplesmente porque o mundo é muito grande para passarmos por momentos difíceis, mas a verdade é que isso pode acontecer com qualquer pessoa e a qualquer momento, assim como aconteceu comigo.

Quantas vezes você já viu pessoas perto de você, ou até mesmo você, torcendo para chegar logo sexta-feira? Ou quantas pessoas vivem esperando as férias de final do ano? Nessa torcida, elas acabam perdendo o que têm de mais precioso: o momento do agora, que é exatamente a única certeza que temos. Nunca deixe os seus dias se passarem sem que você tenha feito algo que te proporcione prazer. Nem que seja ler um livro, andar pelas ruas, fazer uma receita de comida nova, conversar e estar com as pessoas que você ama. Seja o que for, faça algo que deixe o seu coração feliz.

Se você refletir, perceberá que há inúmeras razões para agradecer, mas talvez não consiga enxergar por pensar apenas no que falta, em aonde quer chegar. Se você tem uma casa, pessoas que te amam, saúde, alimento, isso é motivo o suficiente para ser grato. Quando agradecemos pelo que temos e não reclamamos pelo que não temos, tudo muda. Eu criei o hábito de toda noite, antes de dormir, escrever em um caderno da gratidão três motivos pelos quais queria agradecer por aquele dia. Claro que em alguns dias eu estava tão feliz que não cabiam naquelas linhas todos os motivos pelos quais eu estava grata. Em outros, por mais chateada que estivesse, ainda assim conseguia pensar naqueles três itens.

No caminho para a felicidade, além da gratidão, é essencial respeitar o seu tempo e a sua caminhada. Você não precisa ter mais do que ninguém, você não precisa competir com ninguém. Cada pessoa tem seu próprio caminho, suas próprias escolhas, seus próprios obstáculos, cada um tem o seu próprio tempo. Você pode agora não estar onde você gostaria de estar, mas não significa que não estará daqui a pouco. Tudo muda a todo momento. Sempre estamos a apenas uma decisão de mudar nossa vida. Se viramos à esquerda em vez da direita, se mudamos de trabalho, se terminamos ou ficamos no nosso relacionamento.

E, com essas mudanças da vida, está tudo bem se sentir tristeza, desilusões, raiva. Temos que respeitar como nos sentimos. É essencial que a gente se dê um tempo para sofrer, para chorar, para nos acostumarmos com o que já não permanece do mesmo jeito. Mas ao mesmo tempo, é necessário sempre avaliar o tamanho desses problemas e ter certeza de que estamos dando a eles a importância que realmente têm.

Temos o costume de supervalorizar problemas pequenos, né? Ficar triste por semanas porque um relacionamento acabou ou perder o chão por reprovar na escola. Mas você sabe o tamanho disso na sua vida? Mínimo. Daqui a alguns anos esses sofrimentos não existirão mais. Sempre quando algo difícil acontecer, se pergunte: "Daqui a cinco anos ainda estarei triste por esse motivo?". Se a resposta for não, é que talvez esse problema não seja o maior dos mundos. Não supervalorize o que não é essencial para você.

Não se preocupe com o destino final, se preocupe com a caminhada até o seu objetivo, porque ela sim é a parte mais importante de tudo. A trajetória ter sido repleta de momentos incríveis torna o seu objetivo final muito mais especial, e, caso aquele objetivo não se concretize, você pelo menos tem um caminho lindo e cheio de momentos inesquecíveis para se lembrar.

O mais importante da vida não é aonde você chegou, mas é o caminho que você percorreu para chegar ali. Então, se joga, segue seu coração, vai em frente no que você acredita e viva!

Viva intensamente e com paixão

"A vida ia me apresentar um universo de pernas brilhantes, bem mais bonitas que a minha antiga."

A GENTE TEM MANIA DE VIVER planejando a nossa vida, né? Com qual idade a gente vai casar, quando vamos conhecer o amor da nossa vida, como vai ser a nossa vida profissional e quando teremos independência financeira. Nós fazemos planos de tudo, só que o que muitas vezes não entendemos é que a vida não segue esses planos.

Aos vinte anos, eu vi todos os meus sonhos e todos os meus planos mudarem depois de sofrer o acidente. Naquela época, por mais que as pessoas tentassem ser otimistas, era difícil ver o lado positivo daquilo tudo. E quando eu tomei a decisão de viver a minha vida intensamente, mesmo depois daquele fato, então descobri uma nova vida para mim. Uma vida em que eu tinha ainda mais sonhos, em que eu tinha ainda mais objetivos e em que eu era muito mais feliz.

Ali eu entendi que eu podia fazer todos os planos do mundo, mas nada ia acontecer do jeito que eu tinha esperado. Ia ser bem melhor! A vida ia me apresentar um universo de pernas brilhantes, bem mais bonitas que a minha antiga, e um universo cheio de desafios, mas ela ainda ia me dar algo mais valioso, que é o meu propósito.

Hoje, eu acredito piamente que tudo acontece por uma razão e que sempre podemos tirar algo de bom. Independente do quão desafiador seja o que estamos passando, sempre podemos tirar uma lição, um aprendizado e, assim, crescer. Sei que é difícil de acreditar, mas tente. Às vezes não entendemos o motivo de algo, a razão de uma perda, mas, quando confiamos que o melhor está acontecendo, um dia conseguiremos enxergar o propósito de tudo. Vejo meu acidente, por exemplo, como uma perda física que me trouxe inúmeros ganhos, coisas que jamais vou conseguir expressar o tamanho da minha gratidão por ter alcançado.

E essa é uma das lições mais valiosas que eu queria passar para você: a vida não acontece de acordo com o que você espera ou com o que você sempre sonhou. A vida só acontece. E ainda bem, porque imagina se tudo acontecesse do jeito que a gente sonhasse! As coisas não iam ter tanta graça. E muitas vezes as surpresas que a vida nos reserva são muito melhores do que qualquer sonho que a gente possa ter.

Por mais que sempre busquemos ter muita certeza de tudo, a única certeza que podemos ter é que não dá para ter garantia de nada. Tudo na vida é uma aposta. Não conseguimos saber se o nosso sonho vai dar certo, se a pessoa com quem escolhemos compartilhar nossa vida é a pessoa certa. O que podemos é acreditar que isso vai se tornar uma verdade, nos empenharmos e apostarmos naquilo com todas as nossas forças, mas a certeza nunca vai existir.

Até os meus vinte anos, eu nunca tinha parado para pensar sobre como o amanhã é incerto. Tinha deixado de fazer várias coisas por medo, por insegurança, por não saber o que as pessoas iam achar. E, quando vi que eu tinha ganhado a chance de continuar vivendo, eu só quis fazer tudo o que já tinha deixado de fazer um dia por medo de me arrepender.

Algo muito marcante para mim foi a minha primeira tatuagem. Desde jovem, sempre quis ter uma, mas tinha muito medo de fazer e me arrepender. Então, assim que tive alta do hospital, antes mesmo de colocar a minha prótese, decidi ir ao estúdio de um tatuador finalmente fazê-la.

Subi as escadas do estúdio de muletas e, chegando lá em cima, disse para ele que não queria fazer uma, mas três tatuagens pequenas. As três seriam no meu braço e claramente significavam muito para mim depois do que eu tinha vivido. No pulso direito eu escreveria "fé", junto com a minha mãe. No braço esquerdo, faria uma cruz e a frase "Live like you're never living twice", trecho de uma música do Nickelback que era a minha preferida desde que eu tinha quinze anos. A frase significa "viva como se nunca fosse viver duas vezes". Todas as três tatuagens retratavam a minha fé e a minha vontade de viver cada vez mais intensamente.

Fazer uma tatuagem foi um símbolo para algo muito grande que tinha acabado de fazer sentido na minha cabeça: o quanto a nossa vida é frágil. Era sobre como muitas vezes deixamos de fazer coisas que temos vontade por medo de nos arrependermos, sendo que nunca temos a certeza do amanhã. Ali eu vi que queria me entregar à vida e me permitir experienciar coisas novas, que eu nunca tinha tentado antes.

Depois das primeiras, continuei fazendo várias tatuagens, viagens, fiz o que meu coração mandava. Resolvi me aventurar no skate, no surf e fui até para uma cabana. Decidi enfrentar alguns dos meus maiores medos e sempre valorizar muito cada dia que tinha aqui na Terra. Criei comigo mesma um combinado de que todos os dias eu tentaria fazer algo novo. Não precisaria ser algo muito grande ou complexo, mas tentar coisas novas e pequenas faria me sentir cada dia mais viva. Experimentar uma comida nova, ver um filme diferente, conhecer um lugar aonde nunca fui, vestir uma roupa que não costumo usar, passar outro tipo de maquiagem, fazer um penteado novo. Não importava qual seria a escolha de cada dia, só importava que todos os dias eu tentaria cumprir esse combinado.

Viver coisas novas e se abrir para o desconhecido nos permite ter sensações de alegria e satisfação pessoal. Quando você tenta algo que nunca tinha feito antes, pode gostar ou não, mas só de se colocar naquela situação você vai se sentir mais vivo.

As pessoas que realmente aproveitam a vida ao máximo não são pessoas perfeitas ou pessoas evoluídas, mas são as que tomam a decisão de desfrutar ao máximo das oportunidades que surgem. São pessoas que não criam problemas a todo segundo, mas sim que descomplicam, que pensam positivo e procuram ver a vida com os olhos certos. E, quando você se esforça para fazer isso, você vê que não é tão difícil assim. É mais simples do que parece. Claro que isso não é algo que você vai estar disposto a fazer todos os dias. Vai ter hora em que vai bater uma preguiça, uma vontade de ficar o dia todo na cama (o que é maravilhoso!), mas, se você conseguir se desafiar para fazer algumas coisas novas, já é incrível.

Se posso dar um conselho é: aproveite de verdade cada minuto da sua vida. Surgiu uma aventura? Vai em frente, não pense muito. Não podemos deixar de fazer algo com medo de dar errado no final. "Ah, mas como vai ser depois?" — não pense nisso, pense em como vai ser agora. Quando você consegue deixar o seu passado e o seu pensamento no futuro de lado para aproveitar unicamente o momento e a oportunidade que você tem no agora, tudo flui melhor, você aproveita mais e consegue ser mais feliz.

E sim, há muitas coisas que a gente pode planejar, que a gente pode se esforçar e dar o nosso melhor para ter mas há outras que a gente não escolhe. Durante a nossa vida, cada um de nós vai passar por momentos muito difíceis, mas também vamos passar por momentos lindos. Momentos de muito amor, de muita alegria, de muita risada. Quanto mais você viver nessa aventura aqui na Terra, por mais momentos difíceis você vai passar. Mas também por mais momentos lindos . É uma questão de ponto de vista: quando você chegar lá no final da sua vida, vai ser pura matemática. O que valeu mais a pena? O que foi mais presente na sua vida? Foram as perdas e os momentos tristes ou foram aqueles pequenos momentos de felicidade? Os abraços, as risadas, os beijos, cada banho de chuva, cada pôr do sol. Viver intensamente é colocar seu coração em tudo o que você for fazer, é acordar todos os dias com a decisão de dar o seu melhor. O dia não precisa ser o melhor do mundo, mas você vai dar o seu melhor para tornar ele especial. Viver intensamente é acreditar que tudo é um milagre. E, se você não acredita nisso, tudo bem, vai viver intensamente também.

Viver intensamente é se apaixonar todos os dias e se reapaixonar também.

A vida é linda. Ela não é fácil, ela é cheia de momentos desafiadores, mas ela vale a pena. Quando você chegar lá pelos seus oitenta anos, qual vai ser a história da sua vida que você quer contar? O que você quer ter vivido e tentado? Quanto mais colocamos o nosso coração nas nossas vivências, mais intensas vão ser as nossas experiências. Intensas para o bem e para o mal também. Mas são essas aventuras que fazem a vida ser especial. São os riscos, viver um grande amor, ir atrás do seu sonho. Viva!

Amor-próprio e autoconhecimento

"Descobri que a forma que eu mais gostava de ser amada era a por mim mesma. [...] Foi preciso perder noites de sono para então eu me desconstruir e começar a me conhecer."

Eu acreditava que sempre lidaria bem com todas as mudanças e com términos de relacionamento. Ao observar tudo que eu tinha passado desde o meu acidente e como eu tinha reagido bem com toda aquela situação de perder uma perna, eu pensava, de verdade, que nada mais me surpreenderia, mas na vida nem tudo é como uma receita.

Sempre me vi como uma pessoa fria. Muito cuidadosa e preocupada, mas extremamente fria quando a questão era demonstrar carinho. Nunca fui de falar muito sobre meus sentimentos, abraçar ou mostrar meu sofrimento a outras pessoas. Desde criança, por mais que eu tenha crescido em um lar muito amoroso, minha mãe nunca foi uma pessoa de falar de sentimentos, então acabei puxando isso dela. Não cresci com o costume de falar ou ouvir que amava os meus familiares, e até mesmo o movimento de pedir desculpas era extremamente difícil.

Me acostumei a não mostrar as minhas inseguranças, não me mostrar vulnerável, mas naquele dia tudo mudou. Eu percebia os meus erros e trabalhava para melhorar e ser uma pessoa melhor, mas não conseguia falar sobre isso. Falar sobre sentimentos era uma tarefa árdua, até que um dia isso mudou.

No início de 2019, comecei a apresentar um programa na televisão que falava sobre basquete. Todas as semanas eu viajava para o Rio de Janeiro e participava de gravações que aconteciam durante toda a sexta-feira. Antes de cada gravação fazíamos uma sessão com um coach de atuação para nos ajudar com toda a movimentação corporal e interpretação de texto. Depois de quase um ano desde o início dessas dinâmicas, chegou uma sexta-feira em que foi proposta uma atividade para que a gente gritasse tudo que deixávamos guardados: sentimentos silenciados, dúvidas, inseguranças. Me entreguei por completo àquela atividade. Quando me vi, estava gritando: "Eu sou frágil! Eu sou frágil!". Sim, ali descobri que eu sempre havia sido frágil, mas por algum motivo nunca consegui demonstrar. Me acostumei a me mostrar muito forte, fria e sempre encarar bem todas as situações, mas a verdade é que nem sempre foi daquela forma internamente. Eu sentia que tinha uma responsabilidade de sempre estar bem e sempre me mostrar tranquila para que as pessoas à minha volta não sofressem. As pessoas esperavam isso de mim também.

Eu sentia que, ao me mostrar vulnerável, não seria mais admirada. Por isso, ao me sentir ameaçada, em vez de falar das minhas emoções e dialogar sobre como eu estava me sentindo verdadeiramente, reagia com força e tomando atitudes drásticas. Mas isso não era realmente o que eu tinha dentro de mim.

A partir daquele dia, a minha vida mudou por completo. Não sei o que pode ter acontecido, mas desde aquela atividade eu me tornei uma pessoa mais emotiva e passei a falar sobre meus sentimentos. Passei a escrever cartas para as amigas, comecei a abraçar mais, falar das minhas dores, inseguranças e como eu estava me sentindo. Ali percebi que finalmente eu estava sendo verdadeira comigo mesma e com os meus sentimentos, e aquilo era lindo.

Foi muito bom redescobrir quem eu era, meus sentimentos e como eu era vulnerável. Para mim, foi libertador me mostrar como uma pessoa que, ao mesmo tempo que era forte, era frágil também. E ali eu entendi que a minha verdadeira força só poderia vir a partir da minha vulnerabilidade, que, conhecendo a fundo as minhas dificuldades e falhas, eu seria uma pessoa mais forte.

Tempos depois, mas ainda no ano de 2020, a pandemia de coronavírus começou no mundo todo e, logo de início, as pessoas se assustaram, sem saber quais seriam as verdadeiras consequências daquele vírus. Nesse cenário eu não imaginava, mas passaria por um momento que me ensinaria não só sobre a minha vulnerabilidade, mas sobre quem eu era.

Quando a pandemia começou, recebemos a notícia de que toda a cidade teria que fazer uma quarentena em casa para que o país tentasse conter o vírus de se espalhar. A princípio, a quarentena duraria duas semanas, tempo que naquela época parecia o suficiente.

Nesse período eu tinha outro namorado e namorávamos à distância há quase dois anos. Na primeira semana antes da quarentena, combinamos que ele viria para Belo Horizonte me visitar e passar alguns dias na minha casa, já que não saberíamos a próxima vez que nos encontraríamos e, querendo ou não, aquilo gerava bastante apreensão.

O que eu jamais imaginaria é que naquela vinda dele acabaríamos terminando o nosso namoro. Não posso dizer que eu não havia pensado naquilo várias vezes. Já tinha pensado, mas confesso que nunca pensei que poderia ter que enfrentar todo aquele processo de término em um momento de completa incerteza e medo, sentimento que se alastrava por todo o mundo. Eu não só teria que lidar com toda aquela mistura de sentimentos, mas teria que lidar com eles em meio a uma pandemia sobre a qual, até então, não tínhamos quase nenhum conhecimento.

A partir daquele dia entendi ainda mais que nem tudo acontece da forma que a gente imagina ou espera. Percebi que não controlamos todas as nossas emoções e vi que, se eu não me permitisse sofrer tudo que tinha para sofrer, as consequências poderiam ser muito maiores no futuro. Descobri também que não era porque tudo tinha acontecido de forma tão linda após meu acidente que em toda situação difícil isso também ocorreria. Decidi deixar todo o sentimento vir à tona e sentir ele com todo o meu coração. Tudo bem chorar, tudo bem me sentir perdida ou sentir falta. O que não faria bem era fingir que nada estava acontecendo e guardar tudo aquilo dentro de mim.

Lidar com o término naquele momento tão difícil me fez encarar o que até então era o mais desafiador para mim: lidar com todos os meus lados obscuros. Lidar com minha companhia cem por cento do tempo, com meus medos, minhas inseguranças e todos os pontos negativos em que constantemente eu evitava pensar. Mas lidar com isso não me tornaria mais fraca. Pelo contrário! Encarar as minhas vulnerabilidades me faria muito mais forte e eu não tinha dúvida de que passaria por aquela fase com muito mais facilidade.

Quando estamos em um relacionamento, temos a tendência de colocar nossas expectativas sobre a outra pessoa. Depositamos não só vários de nossos sonhos, mas também podemos criar até mesmo uma certa dependência emocional daquela relação. Não digo só em um relacionamento amoroso, digo até com nossos familiares, amigos. Também não é do nosso instinto pensar de primeira: "Acho que o problema pode ser comigo". Aquela situação me fez ver que o melhor que eu poderia fazer era olhar para dentro de mim, entender onde eu estava errando, quais eram as minhas falhas e como eu poderia ser uma pessoa melhor e não cometer os mesmos erros em um próximo relacionamento. Eu teria que lidar com minhas emoções querendo ou não.

Acredito muito que quando não entendemos por completo situações difíceis da nossa vida, como um término, por exemplo, podemos falar com quantas pessoas forem: psicóloga, amigos ou familiares. A mesma história pode ser contada um milhão de vezes e podemos cada uma dessas vezes criar uma nova teoria do que pode ter acontecido. A verdade é esse tipo de pensamento pouco importa. Assim como fiz com o meu acidente eu deveria fazer de novo. Eu ficaria bem e sairia daquele momento de tristeza no momento em que eu decidisse sozinha que eu queria ficar bem. Eu poderia ter a ajuda de outras pessoas, mas a atitude tinha que partir de mim.

Era muito surreal pensar e até mesmo tentar explicar para alguém que eu não tinha chorado por ter perdido uma perna, mas tinha chorado por ter terminado um namoro. Era estranho porque, claro, olhando de fora, não havia comparação de gravidade. Ao mesmo tempo, não acho que devemos comparar as nossas dores com as dores de outras pessoas. Não é porque não sofremos em um momento triste que não podemos sofrer em nenhum outro. Assim como também não podemos nos comparar com outra pessoa. Não é porque alguém não chorou com um término que eu não deveria chorar também. O melhor que fazemos por nós mesmos é respeitar os nossos sentimentos e genuinamente aceitá-los.

Depois daquele término, me entristeci por alguns dias até entender que o que eu estava sentindo não era por causa do término em si. Eu não sentia falta daquela pessoa e tinha certeza de que aquela decisão tinha sido o melhor para mim, mas teria que enfrentar uma grande mudança. Eu teria que conhecer algo que era completamente novo para mim, que era viver solteira desde o meu acidente. Eu, que sempre tinha me sentido tão bem resolvida sobre às minhas relações pós-acidente, passei a conhecer e lidar com novas inseguranças e medos.

Eu nunca tinha tido uma vida de solteira desde que tinha perdido a minha perna. Quando sofri o meu acidente eu namorava o Arthur, e, querendo ou não, mesmo com toda a mudança, foi cômodo para mim ter uma pessoa ao meu lado durante todo o tempo. Naquela época descobrimos tudo juntos: o que dava certo e o que não dava, como era usar uma prótese e como era me equilibrar sem ela. Ele viu a minha perna amputada antes mesmo de mim.

Alguns meses após o término com o Arthur, comecei outro namoro com o primeiro e único cara que eu tinha beijado nesse meio-tempo e com ele tinha ficado aqueles dois anos. Ficar solteira, pela primeira vez por um longo período de tempo, seria um superdesafio. Eu não sabia quando sairia de novo ou quando teria a oportunidade de conhecer novas pessoas. E depois daquela fase me redescobriria de verdade. Iria redescobrir as minhas inseguranças, descobrir como seria viver com esse meu "novo corpo" e conhecer novas pessoas para me relacionar. Eu não sabia como seria tudo porque nunca tinha vivido minha nova vida sozinha.

Ter a consciência dessa verdade e sobre como muitas vezes eu tinha vivido buscando estabilidade e com medo de arriscar foi um verdadeiro presente. Olhando para trás, vejo que o medo da mudança era tão grande que eu preferia não me arriscar e ficar com algo mediano. Eu preferia viver meu oitenta por cento em vez de arriscar viver cem por cento, tendo a possibilidade de dar errado. A grande verdade é que nunca temos certeza de nada. Mesmo quando resolvemos nos acomodar em uma zona segura, nada é tão seguro assim. Nunca sabemos o que vai acontecer amanhã. Não controlamos as escolhas das outras pessoas, só podemos controlar as nossas. Se nós mesmos não podemos prometer amar alguém para sempre, como podemos viver esperando que isso seja uma verdade para a outra pessoa?

E sabendo que tudo pode dar errado de uma hora para outra, se corremos riscos a todo momento e se nada é uma certeza absoluta na nossa vida, por que não tentar encontrar o lugar onde transbordamos? Por que não tentar encarar nossos maiores medos e viver o máximo que esta vida reserva para a gente? Por que nos acomodarmos com o mediano, se podemos ir além se tivermos um pouco de coragem?!

Todos temos medo da mudança, medo do novo. Todos temos medo do que vai acontecer a partir daquele ponto desconhecido. Apesar de tudo isso, mudar é essencial. É na mudança que podemos descobrir as coisas mais incríveis da nossa vida. Não estamos aqui na Terra para levar vidas medianas, relacionamentos medianos. Não estamos aqui para perder dias insatisfeitos ou tristes. Estamos aqui para buscar o melhor que pudermos ser e para termos a vida mais feliz que pudermos ter.

E isso não significa que toda situação mediana em nossa vida precisa ser mudada. Pelo contrário! Hoje em dia vivemos em um mundo em que grande parte das coisas e das pessoas são tidas como "descartáveis". Trabalhos, relacionamentos e sonhos. O bom senso que devemos ter é a avaliação sobre o quanto ainda acreditamos naquilo e o quanto ainda estamos dispostos a acreditar que seremos felizes com aquela situação novamente. Se podemos ser felizes e nos reapaixonarmos pelo que já fomos apaixonados.

Imagine que você finalmente foi contratado para trabalhar em uma empresa em que sempre sonhou trabalhar. O primeiro dia vai ser, provavelmente, um dos mais felizes da sua vida. Você vai chegar em casa contando todos os detalhes sobre aquele dia. Sobre as tarefas, sobre os seus colegas de trabalho e até sobre o cafezinho que tomou no intervalo. Nas semanas seguintes, ainda há uma empolgação e aquela vontade de sempre fazer mais. Ao longo do tempo e com o passar dos anos, existe a grande possibilidade de você não estar mais alegre ou animado(a) todos os dias para ir ao trabalho. De repente, a maior parte dos seus dias é cansativa, as pessoas tiram sua paciência, e durante todo o expediente tudo o que você pensa é na hora de ir embora para casa.

Quando se trata de relacionamentos é a mesma coisa. Novos relacionamentos nos trazem uma sensação gostosa de frio na barriga, aquela boa insegurança e a dúvida de se a pessoa está tão "na sua" assim. A felicidade no primeiro beijo ou ansiedade a cada passo que a relação vai evoluindo. O coração batendo forte com cada mensagem e a certeza de que aquela é finalmente a pessoa da sua vida. Com o passar do tempo, a tendência é que aquela paixão inicial vá embora.

O tempo passa, o trabalho vai ficando monótono e todos os dias são da mesma forma. No relacionamento não há tantas novidades, não há tanta inovação. São nesses momentos que devemos relembrar o que nos fez nos apaixonarmos no início. Coloque na balança, valorize os momentos mais simples e as conquistas do dia a dia. Tente criar momentos especiais como eram os do início.

Veja se o que acendeu fez você sentir toda aquela certeza e felicidade. Se aqueles motivos ainda existem e se você ainda acredita ser capaz de ser extremamente feliz e se reinventar nessa área da sua vida, então é um sinal de que vale a pena lutar por isso. O que não podemos é nos manter em algo em que não acreditamos por medo do novo.

Por mais que toda aquela mudança no início da pandemia não tivesse partido de mim, quando resolvi encarar com otimismo e tentar entender o lado bom, descobri uma das fases mais importantes da minha vida. Quantas vezes já nos vimos tentando nos encaixar em rótulos e expectativas que criávamos para nós mesmos? Acho que para mim isso foi ainda mais duro. Eu tinha que me encaixar na expectativa da Paola do Instagram, coisa que eu nem sempre era. Eu tinha meus momentos de tristeza, raiva, insatisfação, assim como qualquer pessoa. E foi no começo de abril de 2020 que cheguei à conclusão de que queria dar tempo ao tempo. Não queria mais sair emendando relacionamentos, eu queria focar em mim, queria me conhecer melhor, saber as minhas fraquezas, minha força, entender o que eu sentia e o que realmente queria da vida.

Eu poderia, sim, conhecer alguém bacana e começar a namorar, mas teria que ser uma pessoa que me fizesse muito bem. Alguém que me fizesse transbordar. Apesar de querer isso um dia, eu tinha quase certeza de que aquilo demoraria, já que estávamos no meio de uma pandemia.

Eu sabia onde tinha errado no passado. Queria melhorar, evoluir, para aí, sim, quando estivesse bem, encontrar a pessoa ideal para mim. Depois de uma consulta com uma terapeuta, ela me sugeriu que fizesse uma lista com todas as minhas características, tanto positivas quanto negativas. Depois, que fizesse outra lista com tudo o que eu esperava de um próximo companheiro. Sugeriu que eu detalhasse todos os aspectos da personalidade, de gostos e de preferências, mas para que eu não focasse muito na parte física. Dito e feito.

Me sentei em uma cadeira no meu quarto, em uma noite, e fiz a lista "O amor da minha vida". Fui escrevendo item a item, detalhando exatamente a pessoa dos meus sonhos. Eu tinha certeza de que checaria aquela lista antes de me relacionar novamente com alguém. E, mais do que isso, eu tinha completa convicção de que encontraria alguém que seria do jeito que eu sonhava encontrar.

E foi assim que recebi uma ligação da minha melhor amiga, Fê, no dia 26 de maio de 2020, quando tudo mudou. A Fê, minha melhor amiga desde os meus catorze anos, sempre foi a pessoa que mais me conhecia na vida. Ela sabia coisas que às vezes nem eu mesma concluía sobre mim. Naquele dia, ela me ligou e me disse que conhecia um menino que ela acreditava combinar muito comigo. Não tinha a intenção de novamente me relacionar com alguém, mas quando o conheci não teve jeito. Surpreendentemente, ele preenchia absolutamente todos os itens da lista que eu criei. Era divertido, culto, inteligente, passávamos horas conversando. A conexão foi imediata.

Depois de quase um ano namorando com ele, decidimos terminar. Eu sabia que tinha que viver coisas novas, que precisava ficar sozinha para me redescobrir a fundo e evoluir. Os itens daquela lista que eu tinha feito, um ano mais tarde, já não faziam tanto sentido. Eles eram o que eu achava que esperava de alguém baseados no que eu já tinha vivido, mas havia um mundo de possibilidades e pessoas diferentes ao meu redor.

Ali entendi que o importante em uma pessoa não era preencher requisitos e ter tudo o que eu esperava de alguém. Eu podia me abrir para o novo. Eu queria me abrir para o novo quando chegasse o momento certo. Queria viver coisas inesperadas, correr riscos, me apaixonar perdidamente e não fazer muitos planos.

Sempre me entreguei e me doei muito para o amor. Sempre coloquei o meu coração na frente das minhas decisões e me deixava tranquila saber que eu podia confiar no meu instinto e no que a minha voz interior me dizia. Amor é diferente de relacionamento. Com o Arthur eu aprendi sobre um tipo de amor e, com todos os outros com que me relacionei, aprendi sobre outros tipos. Algo em comum em tudo que vivi nos meus relacionamentos foi que eu sempre pude tirar lições grandiosas de cada um deles. Sentia que com cada uma daquelas pessoas eu conseguia trabalhar falhas minhas e padrões de comportamentos que precisavam ser melhorados. Parecia que elas haviam chegado justamente na hora em que eram para chegar e deixar em mim o crescimento para eu seguir depois, melhor e mais tranquila.

Quando eu soube quem eu era, as minhas dificuldades e limitações e lidei bem com elas, pude saber o que de fato eu gostava, quais eram os meus prazeres, o que eu queria viver, como queria ser amada. Só me conhecendo de verdade e profundamente eu seria capaz de me relacionar com alguém da melhor forma. Só me conhecendo poderia aceitar o amor que eu merecia.

De lá para cá, tive alguns relacionamentos. Conheci pessoas opostas e vivi diferentes formas de ser amada. Mas no meio desses relacionamentos descobri que a forma que eu mais gostava de ser amada era a por mim mesma.

Tudo o que por 27 anos eu achava conhecer sobre mim acabou sendo pouco para tudo o que eu podia conhecer. Nós somos uma imensidão de gostos, escolhas, sentimentos. Percebi que havia vivido muitas histórias quando mais nova pelo simples medo de enfrentar as minhas próprias inseguranças, que eram obscuras até para mim. Foi preciso perder noites de sono para então eu me desconstruir e começar a me conhecer, de pouquinho em pouquinho, e conhecer cada medo que existia dentro de mim.

Desacelere!

"Posso te contar uma coisa? Desacelerar é um dos favores que você pode fazer a si mesmo."

Sabe aquela frase: "Tudo acontece por um motivo"? Acredito bastante nela. Não só por causa do meu acidente, mas de verdade acredito que, muitas vezes, coisas aparentemente negativas acontecem para nos mostrar que estamos no caminho errado. Foi em um dos momentos mais difíceis da minha vida que percebi que eu precisava desacelerar.

Eu estava realizando todos os meus sonhos: apresentando um programa na televisão, viajando para vários países, conhecendo o mundo com meu trabalho. Estava conquistando coisas que não imaginaria nem nos meus maiores sonhos. Mas tudo isso tinha um alto preço: a minha saúde. Muitas vezes, na correria, não nos atentamos aos sinais claros do nosso corpo. Ele começa nos mostrando por meio de detalhes sutis que não está bem, mas talvez só consigamos entender isso quando algo mais grave acontece.

No ano de 2019, várias marcas nacionais e internacionais começaram um movimento de buscar cada vez mais diversidade nas campanhas. Com isso, comecei a receber propostas de trabalho incansáveis. Mesmo sabendo que teria que trabalhar diariamente e ter no máximo um dia em casa, eu não conseguia recusar trabalho. Tudo parecia um sonho, até que conheci algo amedrontador: a ansiedade.

Eu já tinha ouvido falar bastante sobre ansiedade e sabia que era o "mal do século", mas nunca tinha presenciado e entendido de fato o que era. Minha primeira crise de ansiedade foi no meu apartamento no Rio, sozinha.

Eu tinha sido contratada por uma empresa chinesa para uma campanha de ar-condicionado que seria gravada na Tailândia. Seriam três dias gravando por catorze horas diárias — algo bem exaustivo. E o grande problema é que eu teria que ir viajar depois de uma diária de gravações de outro trabalho. Então, saí da diária e fui direto para o aeroporto. Após dois voos de quinze horas, cheguei à Tailândia. Dormi três horas naquela noite e já me levaram para o estúdio. As gravações na Tailândia não eram só exaustivas, mas também mexiam bastante com o emocional.

A equipe decidiu representar todo o meu acidente e a recuperação, mas de uma forma mais dramática. Aquilo, junto com o cansaço, mexeu bastante comigo. Por isso, nos intervalos de cada cena eu acabava deitando no chão ou em cima de cadeiras para descansar. No terceiro e último dia de gravação, liguei para o meu então namorado na época chorando e dizendo que não aguentava mais, que tudo estava muito pesado. Na ligação, ele terminou o namoro.

Eu tinha que fazer ainda a última cena da campanha. Uma cena incrivelmente feliz para encerrar o trabalho.

Não teve outra forma: tive que chamar toda a equipe e explicar o porquê de eu não conseguir ficar feliz e sorridente o tempo todo. Expliquei que havia terminado o meu namoro e que estava bem triste, mas que ia dar o meu melhor para concluir o trabalho da melhor forma possível.

Depois de terminar o trabalho, cheguei ao hotel e apaguei.

Minha segunda crise, mais forte, aconteceu um pouco depois: estava voltando de uma viagem, em Praga, quando meu voo atrasou. Eu tinha que chegar ao Rio de Janeiro às oito da manhã para gravar o programa. A equipe inteira dependia do meu voo, já que não dava para começar as gravações sem uma das apresentadoras.

Para chegar a tempo, eu precisava pousar em São Paulo até as seis, para pegar o voo das sete. Isso com muita correria, já contando que teria que deixar minhas malas para trás com meu irmão e sair correndo. Até aí meu plano ia bem, até eu receber a notícia de que meu voo estava atrasado.

Fiquei muito nervosa, ansiosa, as pessoas da produção me ligando, eu simplesmente não sabia o que fazer. Pousei em São Paulo, deixei as malas para trás e saí correndo muito, muito! Pedi para furar todas as filas, fui andando pelo aeroporto de Guarulhos em todas as companhias aéreas para ver se encontrava voo e estava tudo esgotado. Chorei, fiquei com a boca seca. Era horrível pensar que tinha tanta gente dependendo de mim e eu não tinha o que fazer naquele momento. Consegui uma desistência e embarquei. Cheguei atrasada, mas fui direto para a gravação.

Como estava no pós-voo e muito cansada, comecei a tomar energético. No total, se me lembro bem, foram dois litros de energético. Gravei das dez da manhã até umas seis da tarde à base de energéticos; sem ter comido direito; sem ter dormido direito (já que fui direto da viagem).

No meio da gravação, comecei a me sentir mal. Um pouco de taquicardia, um pouco de agitação a mais. Quando acabou, entrei direto no carro do motorista que me levaria para casa.

Me lembro bem do caminho da gravação até o meu apartamento. Normalmente, eu sempre era deixada primeiro no meu prédio, para aí então os outros meninos serem deixados em suas casas. Excepcionalmente, o motorista tinha escolhido um caminho diferente naquele dia e deixou os meus dois companheiros de gravação antes de mim. Chegando em casa, comecei a sentir minhas pernas bambas e muita tontura. Cerca de dez minutos depois minha visão foi ficando escura e tive a certeza de que eu iria desmaiar. Eu estava sozinha em casa, então fui até a portaria para saber se tinha algum médico no prédio, mas não tinha. Peguei uma garrafa de água na geladeira, chamei um carro para me levar ao hospital e saí correndo. Deixei a porta de casa aberta, comidas fora da geladeira, tudo do jeito que estava.

Entrei no carro, avisei que estava passando mal e pedi para que, se algo acontecesse, ele entrasse comigo no hospital e explicasse o que aconteceu. Aqueles dezessete minutos até o hospital pareciam uma eternidade. Eu mal conseguia falar, tremia muito. Mandei áudios para a minha mãe sobre como eu estava me sentindo, mas até então eu não fazia ideia do que estava acontecendo comigo. Só achava que estava morrendo.

Chegando no hospital, passei direto da recepção e fui me consultar. Não conseguia falar, não conseguia escrever meu nome para assinar a ficha médica. Eu só tremia. Tinha certeza de que algo grave estava acontecendo comigo. Ali eu não conseguia conversar, rezar, nada. Era um desespero que me consumia.

Eu nunca tinha sentido aquilo. O que era aquela tremedeira? Aquela sensação horrível?

Na primeira sala em que entrei, a médica começou a me perguntar alguns dados, mediu minha pressão, ouviu o meu coração e, naquele meio-tempo, comecei a observar que eu estava naturalmente me sentindo melhor.

Fui então fazer um eletrocardiograma para ver se meu coração estava bem. Todos os exames davam normais. Passados alguns minutos, perguntei para a médica:

— O que é isso que está acontecendo comigo? Eu tive uma crise de ansiedade?

— Tudo indica que sim, Paola! — ela me respondeu.

Eu jamais tinha tido uma crise de ansiedade e, quando imaginava essas crises, não pensava serem tão graves e reais. Até hoje, quando vou contar para as pessoas sobre o que é ansiedade e sobre a forma como me senti, sempre digo que, para entender de verdade, só sentindo na pele.

Depois de ter a certeza de que todos os meus exames estavam normais, voltei para o meu apartamento. Aquela noite sem dúvida foi uma das mais difíceis da minha vida. Não dormi a noite inteira e só ficava tentando entender o que estava acontecendo comigo. Logo que amanheceu, juntei algumas coisas na minha malinha de mão e fui correndo para o aeroporto. Deixei tudo do jeito que estava no meu apartamento no Rio de Janeiro e nunca mais voltei para lá.

A partir daquele dia a minha vida mudou em vários aspectos. Eu pensava muito no medo da morte e no medo de ter outra crise de ansiedade. O medo começou a me consumir, então eu não conseguia mais dormir. Depois de alguns dias acordada, tive que tomar remédio para dormir e finalmente descansar e melhorar. Ali percebi que uma noite de sono poderia ter feito muita diferença na minha vida.

Contratei uma empresa para buscar todos os meus pertences no meu apartamento no Rio de Janeiro e decidi voltar a morar com a minha mãe e os meus cachorros em Belo Horizonte. Meu trabalho era extremamente importante para mim, mas, ao mesmo tempo que ele me possibilitou realizar todos os meus sonhos, eu adoeci por não saber desacelerar e me cuidar.

Passadas três semanas daquela crise, precisei viajar para Londres a trabalho. Por mais que não estivesse muito bem, decidi enfrentar minha insegurança e fazer essa viagem internacional sozinha. A viagem foi tranquila e sem mais complicações durante toda a semana em que fiquei por lá. No voo de volta, o avião começou a tremer. Quando percebi que estava ficando nervosa, peguei os meus livros de autoajuda que tinha comprado e comecei a ler, buscando me acalmar. Foi aí que o passageiro que estava sentado ao meu lado no avião me chamou. Ele tirou o fone de ouvido e disse:

— Você está bem? Fica tranquila, vamos conversar!

Vi que ele tinha percebido o quão nervosa eu estava. A minha linguagem corporal dizia tudo. Em uma mão segurava um livro tentando me concentrar para ler e, em outra, segurava fortemente no encosto de braço do meu assento.

Olhei para ele e então contei sobre o meu medo de avião. Ele me falou sobre como também tinha muito medo quando era jovem, mas que começou a voar tanto de avião a trabalho que tinha entendido que nada de ruim aconteceria. Me explicou sobre a segurança dos aviões comerciais na tentativa de me fazer entender que o risco de algo acontecer era próximo a zero. Assim, ele me contou parte da vida dele. Ele era economista e chefe de um grande banco brasileiro e estava em mais uma das inúmeras viagens internacionais que fazia anualmente.

— Quando era jovem, tive síndrome do pânico. Me tratei, precisei tomar um remédio na época e hoje sou outra pessoa. Vou te passar o telefone de uma médica ótima! Não se preocupe com isso, Paola, é supercomum! Mas vamos conversar para você se distrair — disse.

Então, ele conversou comigo até a turbulência passar e concluiu:

— Olha, vou colocar o fone, mas você pode me chamar se sentir qualquer coisa, tá?

Aquele diálogo foi incrível e marcante. Acredito muito que Deus coloca as pessoas certas no momento certo em nossas vidas. Naquele voo, eu senti que ele tinha que estar ali. Não lembro o nome dele e nunca mais soube informações suas, mas aquele homem com certeza me impediu de ter uma crise de ansiedade e por isso sou grata demais.

O voo terminou bem, mas eu sabia que precisava de ajuda. Logo eu, que ajudava tanta gente, que passava tantas mensagens positivas, precisava procurar por ajuda. Quando vi que tinha algo grave acontecendo, resolvi me consultar com uma terapeuta.

Antes de cogitar tomar qualquer remédio, decidi mudar os meus hábitos. Eu não me negaria a tomar remédio se de fato precisasse, mas queria escolher o caminho mais longo antes e que não me faria depender de remédio por certo tempo. Para isso, comecei a comer melhor, dormir melhor, me exercitar diariamente e parei com os voos semanais. Continuei viajando a trabalho, mas com uma frequência muito menor, porque ali tinha percebido que não adiantaria eu ter o trabalho dos meus sonhos se eu não tivesse saúde para realizá-lo.

Queria poder contar agora que depois da minha mudança de hábitos a minha vida mudou por completo e nunca mais tive ansiedade, mas não foi isso que realmente aconteceu. Aos poucos, fui vendo a minha qualidade de vida melhorar e durante um ano e meio nunca mais senti ansiedade, mas no começo de 2021 comecei a perceber que alguns sintomas estavam voltando aos poucos.

Quando precisei internar um dos meus cachorros, não consegui dormir ou me concentrar para fazer as minhas atividades mais básicas. As brigas com meu namorado me faziam chorar até não ter forças para comer ou sorrir depois daquilo. Quando vi que estava sofrendo mais do que o normal com essas situações, decidi me consultar com uma psiquiatra. Ter ansiedade é, muitas vezes, em vez de ver a solução dos problemas, fazer aquilo virar uma bola de neve dentro da nossa própria cabeça.

A aceitação de que a minha cabeça podia estar doente não foi fácil. Eu, que sempre havia sido tão positiva e tão feliz, não estava conseguindo agir assim naturalmente. Foi receitado que eu tomasse um remédio todos os dias durante um período de seis a nove meses, para ver se esses sentimentos melhorariam. Aceitei e pensei que, naquele momento, aquilo realmente seria o melhor para mim.

Dois dias depois de começar o meu medicamento, conversei com minha médica e resolvi parar. Eu sentia que aquele não era o meu caminho, que se começasse a tomar remédios, poderia não parar mais. A minha qualidade de vida ainda era muito boa, eu ainda me sentia feliz e animada, trabalhava bem e só tinha esses sentimentos quando algo ruim acontecia. Sempre acreditei que conhecemos o nosso corpo como ninguém e que o nosso cérebro tem um poder muito maior do que imaginamos. Eu sabia que me curaria, mas sabia que não seria fácil. Decidi então fazer todo aquele processo de novo: eu mudaria todos os meus hábitos drasticamente.

Começaria me matriculando na ioga, preferencialmente duas vezes por semana. Além disso, faria academia quatro vezes por semana. Tudo isso junto com uma alimentação saudável e balanceada e eu me deitaria todas as noites a uma da manhã pelo menos, para tentar dormir pelo menos oito horas por noite. E muito importante: me aproximaria cada vez mais de Deus e não me deixaria afastar novamente da minha espiritualidade. Sempre senti que tinha uma conexão mais forte do que o normal com a espiritualidade e sabia o quanto aquilo me fazia bem e me trazia paz.

Minha vida não seria diferente logo depois da minha decisão de mudá-la, mas claramente era o primeiro passo para tentar reverter esse processo e voltar a ter uma vida saudável. Também não esperava que, do dia para a noite, eu me tornasse uma pessoa livre da ansiedade. Eu sabia que tinha escolhido o caminho mais longo. Um caminho que demandaria muito de mim e de algo que eu não costumava ter sempre: disciplina. Por mais que soubesse o quão difícil seria, eu estava disposta a tentar e realmente não queria viver a minha vida dependente de remédios. Fiz um combinado comigo mesma de que, se minhas tentativas não fossem bem-sucedidas, eu cederia e começaria a tomar a medicação.

Assim, comecei a praticar ioga e descobri uma das minhas grandes paixões. Me matriculei nas aulas para trabalhar o meu relaxamento e a minha respiração, principalmente para momentos de estresse, mas o que ganhei foi muito maior do que isso. Passei a exercitar o meu corpo e trabalhar partes dele que nem eu mesma tinha consciência que existia. Passei a me espiritualizar mais e ter um estilo de vida mais saudável. Aprendi a ter disciplina e, para quem tem ansiedade, seja fazendo o uso de medicamentos ou não, a disciplina é algo primordial.

Uma das lições mais importantes que a ansiedade me ensinou foi a de procurar ajuda. Não é feio ou vergonhoso pedir ajuda para alguém, e não precisamos dar conta de tudo sozinhos. Somos fortes só por existir, somos fortes pelo simples fato de acordarmos todos os dias com a decisão de viver e encarar cada desafio que a vida nos reserva. Somos fortes todas as noites em que nos deitamos, agradecemos pelo dia que tivemos e percebemos que sobrevivemos a mais um dia. Um dia que muitas vezes foi difícil, desafiador, mas que estivemos ali lutando para passar por ele.

Outra lição que a ansiedade me ensinou foi desacelerar. Sei que há situações na nossa vida que parecem ter que acontecer naquele mesmo minuto. Tenho que atender ao telefone agora, tenho que responder às minhas mensagens, tenho que estudar, tenho que resolver os meus problemas. Muitas vezes, agimos como se tudo na nossa vida fosse para ontem, mas não é.

Você pode retornar a quase todas as ligações em alguns minutos. Você pode demorar alguns minutos ou até mesmo horas para responder às mensagens do seu WhatsApp. Você pode tirar um tempo para não fazer absolutamente nada. Se permita tirar alguns minutos e não fazer nada. Se permita tirar um tempo para respirar, pensar e reavaliar as suas decisões de vida. Se permita se desligar do trabalho assim que sair do escritório. Se permita estar presente e, principalmente: se permita desacelerar dessa vida que diariamente já está acelerada demais.

Atualmente, buscamos as informações na internet. Em questão de segundos já encontramos quase todas as respostas para quase todas as nossas perguntas. Poucas décadas atrás, se você for parar para pensar, ainda utilizávamos as barças e as enciclopédias. Na minha infância, quase todos os trabalhos escolares eram feitos por meio de livros. Hoje, temos acesso a uma quantidade incontável de dados em questão de segundos. Isso por si só nos acelera. Minha mãe me contava que, quando ela era criança, sempre se sentava à noite na casa dela para assistir novela. Isso mesmo, só assistir novela.

Quantas vezes hoje em dia nos pegamos pensando nos inúmeros problemas da nossa vida e nas questões do dia seguinte quando assistimos a um simples filme? É cada vez mais frequente as pessoas não terem um tempo dedicado apenas a esse tipo de atividade. E quantas vezes nos sentimos até mesmo culpados por estarmos dedicando o nosso tempo a esses momentos de lazer? Parece que o sentido da vida se torna acordar, trabalhar, pensar no trabalho do dia seguinte e dormir.

Posso te contar uma coisa? Desacelerar é um dos favores que você pode fazer a si mesmo. Não fazer nada às vezes é uma delícia. Sei que o seu trabalho é muito recompensador e sei que há preocupações que são difíceis de fugir, mas sempre há alguns minutos que você pode dedicar a si mesmo para fazer as coisas mais banais e simples do dia a dia. O mundo já está muito acelerado, as pessoas estão aceleradas. Tire um tempo para sair desse padrão.

Eu não sei se a minha ansiedade foi curada. Não sei se amanhã ou depois todos esses sintomas podem voltar. Eu não descarto tomar remédios no futuro, mas por ora a mudança de hábitos me fez redescobrir o poder de cura do nosso corpo e da nossa mente.

Não se entregue ao medo

"Por mais que já tivesse alguns medos quando mais nova, foi logo após o meu acidente que vários outros novos cresceram dentro de mim."

O MEDO É ALGO QUE FAZ PARTE DA VIDA de todo ser humano. Medo de altura, de avião, da mudança, de perder pessoas queridas, de morrer. Independente do quanto as pessoas tentem negar, é inevitável que hora ou outra vamos temer alguma coisa. Comigo não foi diferente. Por mais que já tivesse alguns medos quando mais nova, foi logo após o meu acidente que vários outros novos cresceram dentro de mim.

O primeiro que percebi foi o medo de ser atropelada de novo ou de sofrer um acidente de carro. Perdi a noção espacial e, sempre que estava dentro de um carro, tomava sustos achando que os outros veículos estavam perto demais. Mas não estavam de fato. Por esse motivo, por mais que antes eu dirigisse sozinha para todo lado, acabei criando um bloqueio em relação a dirigir. Eu já tinha voltado a ter uma vida normal e constantemente me desafiava a tentar coisas novas, mas deixei esse desafio de lado, achando que me sentiria mais segura daquela forma. Fiquei um ano e meio sem encostar na direção de um carro, até que um dia, após muita insistência da minha família, concluí que eu precisava enfrentar aquele medo e passar por aquilo de uma vez por todas.

O primeiro passo foi tirar a minha carteira de motorista de novo. Por ter perdido uma perna, a minha habilitação teria que ser alterada e eu não poderia mais dirigir carros manuais. Eu teria que fazer o exame de direção de novo, então agendei para a data mais próxima e fui trabalhando o meu psicológico para quando chegasse aquele dia.

Quando cheguei ao Detran, em uma segunda-feira de manhã, me lembro de que os examinadores, logo quando me viram, foram muito tranquilos e pacientes comigo. Eu contei sobre o quão nervosa e apreensiva estava e o quanto havia postergado aquele momento, mas que finalmente chegara o dia em que eu enfrentaria o medo. Eles me contaram que ficaram extremamente comovidos com a minha história, que na época saiu em todos os jornais e revistas da cidade. Logo depois, chegou o tão esperado momento da prova prática.

Duas voltas no quarteirão nunca pareceram tão demoradas. As minhas pernas tremiam e meu coração parecia que sairia pela boca. Depois das voltas no quarteirão, encostei o carro no mesmo lugar de onde eu tinha saído, encontrei a minha mãe e, logo eles vieram até mim me contar sobre o resultado: eu estava aprovada! Estava apta para dirigir novamente.

Fazer o exame de direção, apesar de me permitir dirigir novamente, não fez o meu medo desaparecer. Ali começou uma nova fase na qual cada dia eu chegava mais perto de me sentir independente. Me lembro que nos primeiros dias chamei a minha mãe para ir ao meu lado no carro enquanto eu dirigia, para que, se eu me sentisse muito nervosa, ela trocasse de lugar comigo. Ter ela ao meu lado sem dúvida me daria segurança de que qualquer coisa que eu precisasse, eu teria a pessoa em que mais confiava para me ajudar. Meu coração batia forte e sentia as minhas mãos suando, mas eu sabia que ultrapassar aquele limite só dependia de mim.

Foi incrível a sensação de voltar a dirigir. Alguns meses depois, chegou o momento de eu dirigir sozinha pela primeira vez. Entrei no carro e comecei a chorar, sozinha, insegura daquela situação nova para mim. Mas fui. No início eu andava bem lentamente, sempre em alerta e insegura, mas aos poucos fui ganhando confiança e sabendo que eu podia ficar tranquila e que, dirigindo defensivamente, minimizaria qualquer chance de algo acontecer. Quando cheguei ao destino final, a alegria não cabia dentro de mim. Por mais que o medo estivesse ali, me sentia extremamente orgulhosa de ter superado mais um desafio.

Depois de enfrentar o medo de carro, chegou a segunda etapa e que foi extremamente desafiadora: o medo de avião. Eu nunca havia sido uma pessoa que gostava de altura e esportes radicais, mas andar de avião era algo que desde pequena era banal para mim. Até o meu acidente acontecer.

Não sei ao certo quando foi, mas desenvolvi esse outro medo também logo após meu acidente. Não entendia direito o porquê, mas acho que estar dentro do avião me passava a impressão de estar absolutamente sem controle de tudo que ia acontecer. A partir do momento em que eu entrasse em um avião e colocasse o meu cinto de segurança, nada mais ali dependeria de mim e não haveria nada que eu pudesse fazer.

Sentir que eu não tinha o controle de algo era difícil de lidar, mas pensando racionalmente: do que temos realmente controle na nossa vida? Absolutamente nada. Quando penso no meu acidente e em tudo que aconteceu comigo, vejo que há coisas que não podemos prever ou evitar. Elas simplesmente acontecem. Eu, até os meus dezenove anos, sempre vivi com extrema cautela. Dirigia cuidadosamente, atravessava a rua só depois de confirmar inúmeras vezes que eu podia atravessar. E aí, em um momento inesperado, fui atropelada na porta da minha casa em um acidente que aconteceu em questão de segundos, quando eu estava de costas para a rua. Quando pensava naquilo, chegava à conclusão de que nem tudo na vida estava em nossas mãos. Ou melhor, quase nada na vida de verdade está em nossas mãos. Quando as coisas têm que acontecer, elas acontecem. Não adianta sofrermos por antecipação. Não adianta deixarmos de viver achando que assim evitaríamos que qualquer coisa acontecesse conosco.

Viajei pela primeira vez de avião após o acidente quando resolvi ir à praia. Fiquei nervosa e suava frio, mas eu tinha ao meu lado o Arthur, que, querendo ou não, me dava bastante segurança. Depois dessa viagem, fiz algumas outras, mas sempre acompanhada de outras pessoas. Ter alguém para conversar, me distrair e segurar a minha mão em caso de turbulência com certeza me acalmava e eu conseguia, mesmo com medo, viajar e conhecer diferentes lugares.

Até que tive um momento crucial nessa história de avião, quando, oito meses após o meu acidente, me ligaram querendo me contratar para fazer um trabalho em São Paulo. O único detalhe é que eu teria que viajar sozinha, já que iria e voltaria no mesmo dia. A ideia de fazer aquele trabalho me deixou muito animada, mas pensar no voo me atormentava e tirava o meu sono. Fiquei uma semana sem tirar aquele voo da cabeça. Cogitei inúmeras vezes inventar que eu estava passando mal e não poderia ir. Até que depois de pensar muito, refleti: "Se eu deixar de voar amanhã, esse medo vai me vencer. Eu provavelmente não vou mais voar sozinha, provavelmente o medo vai crescer cada vez mais. Nada disso! Vou viajar amanhã sim! Seja o que Deus quiser!".

Na noite anterior ao meu voo, tive até um pesadelo de que o meu avião caía. Mesmo assim, decidi ir. Rezando, pedindo para que Deus protegesse o meu voo e fui. Se hoje escrevo este livro, é porque não só sobrevivi àquele voo, mas também a centenas de outros.

Mesmo assim, o caminho para enfrentar um medo nem sempre é fácil. Eu sabia disso, mas também sempre soube que a mente humana é poderosa demais e que podemos treinar a nossa cabeça para chegar a lugares que pensamos não ser capazes de chegar. Enfrentar um medo é uma das sensações mais poderosas e de maior satisfação pessoal. Requer coragem, requer entrega, mas vale a pena.

Já chorei em voo, já passei mal, já passei horas tremendo e batendo o queixo, as mãos suavam, a cabeça doía. Tudo reflexo do medo, da ansiedade e da tensão do corpo. Por ter tantos sintomas, me disseram que talvez eu pudesse começar a tomar um remédio para controlar as sensações, mas eu não queria aquilo. Ao contrário, queria cada vez mais buscar estratégias para ficar tranquila, distrair e treinar a minha mente a pensar racionalmente. Foi aí que tomei algumas atitudes que amenizaram o meu desconforto durante os inúmeros voos que eu fazia durante a semana:

- Conversar com os comissários de bordo e pilotos sempre que possível. Para isso, quando conseguia eu me assentava na primeira fileira do avião. Dessa forma, eu estava mais próxima de um comissário de bordo caso algo me deixasse apreensiva durante o voo.
- Ler sobre aviões e assistir a vídeos sobre isso. Acredito que quanto mais conhecimento temos de algo, menor o medo. Temos muito medo do que não conhecemos, né? E aí, quando descobrimos que o avião tem o plano A, B, C e D para tudo, nos tranquilizamos. Pesquisei sobre os barulhos, sobre as diferentes luzes que acendem e sobre todos os dispositivos de segurança de uma aeronave.
- Fazer palavras cruzadas, sudoku e ler livros motivacionais são sensacionais para prender sua atenção na hora de uma turbulência!
- Meditar e rezar. Se eu não conseguia meditar, rezava e escutava músicas de Deus. Ouvir aquelas palavras me acalmava muito.

- Voar em horários e dias que possivelmente tenham menos turbulência. Geralmente, de manhã bem cedo.

O mais importante de tudo, fora criar essas simples estratégias pessoais, foi racionalizar e acreditar que tudo acontece quando tem que acontecer. Houve um dia em que uma história contada por um comandante foi um divisor de águas na minha vida e foi o suficiente para eu entender muito sobre a vida.

Voltando de um trabalho no Rio de Janeiro para minha casa em Belo Horizonte, tive que escolher um voo noturno, já que era a única opção ainda naquele mesmo dia. Quando entrei na aeronave, percebi que ao lado do meu assento estava um comandante. Eu não poderia ter ficado mais feliz! Aquilo me trouxe conforto, e eu já queria conversar com ele sobre aviões. Pedi licença para chegar até ao meu assento, na janela, e, logo de cara, contei para ele como estava apreensiva com aquele voo noturno e com tantas nuvens no céu.

Conversando com ele sobre o meu medo, ele me contou a história de um colega comandante que foi piloto de aviões comerciais a vida inteira. Além de voos diários, aquele colega gostava de se aventurar nas horas vagas fazendo acrobacias com pequenos aviões. Ele fazia de tudo, até que após muitos anos de profissão, resolveu se aposentar. Pouco tempo depois, certo dia, antes de viajar, ele foi pegar uma mala que estava no alto, em cima do armário do seu quarto. Ao puxar a mala, que guardava alguns objetos, ela caiu na cabeça dele, e a pancada ao cair no chão o fez morrer na hora.

Aquele caso me marcou muito. Me fez pensar sobre o quanto a vida é incerta, sobre não sabermos do dia de amanhã e de tudo à nossa volta ser extremamente frágil. Se temos uma certeza é que não sairemos vivos aqui da Terra, mas se tem algo que não sabemos é quando e como nossa jornada aqui se encerrará. Pode ser com uma mala na cabeça, com uma doença, com um carro que nos atropela ou então podemos ir embora dormindo. Por isso cabe a nós decidir a forma que viveremos. Vamos nos colocar em situações que saem da nossa zona de conforto e nos proporcionam as melhores sensações ou vamos ficar sempre onde temos a impressão de estarmos seguros, mesmo sem de fato estarmos?

Provavelmente esses pensamentos, essas tentativas, não vão dar certo de início. Mas não se frustre. Tudo na vida é tentativa, tudo na vida é erro e acerto, e errando a gente acaba acertando uma hora. Pense que o medo é algo da sua mente e, quando deixamos ele ganhar, deixamos de aproveitar coisas lindas da vida e oportunidades que serão criadas ali. Hoje, viajo semanalmente sozinha, vou e volto; e faço voos internacionais todo mês. Assim, aquela decisão anterior sobre ir para o meu primeiro trabalho sozinha fez toda a diferença e mudou todo o rumo da minha vida. Será que tudo isso estaria acontecendo comigo se eu tivesse deixado o medo me vencer? Eu certamente não conseguiria exercer o meu trabalho e participar de tantos momentos incríveis se tivesse deixado o medo ser maior do que a minha atitude.

A verdade é que o medo pode nunca passar, ele provavelmente vai sempre continuar ali. Mas sabe a melhor sensação de todas? Ter a consciência de que ele existe e você diariamente está o enfrentando. A nossa mente é muito poderosa e, da mesma forma que ela cria situações que geram medo e insegurança na gente, ela também é capaz de eliminar esses pensamentos. Pense em coisas boas, tenha coragem e lembre que o que te faz valente depende só da sua atitude diante do seu pensamento. Controle essa sua atitude e seja feliz, porque a vida passa rápido demais e não podemos perder as oportunidades lindas que aparecem na nossa frente.

Grandes oportunidades nos momentos mais inesperados

"As melhores surpresas acontecem quando menos imaginamos, mas acredito que um coração bondoso e o pensamento positivo fazem acontecer."

Sempre acreditei na força do pensamento e sobre como atraímos para a nossa vida tudo o que pensamos e falamos. Por esse motivo, não só no momento em que tive que enfrentar o meu acidente, mas desde pequena, evito falar palavras negativas e que possam atrair qualquer tipo de negatividade ou empecilho para a minha vida. Não acho que baste que pensemos no que queremos conquistar que aquilo cairá em nossas mãos. Isso não. Mas acredito que quando emanamos algo, vamos atrás e agimos de acordo com o que queremos conquistar, aí, uma hora ou outra, aquilo chega até a gente.

Sempre fui uma adolescente que acreditava em tudo isso. Não só em Deus, mas em energia, em força e, claro, no poder pessoal de cada um de nós. Por esse motivo, por onde eu ia e via uma fonte, sempre jogava moedinhas e fazia um pedido. Fiz isso incontáveis vezes e, em todas elas, sem exceção, por mais que o pedido parecesse distante de mim, ele se tornava real em uma questão de tempo. Nunca houve um pedido que fiz em fonte que não se realizou.

O tempo passou e eu não tinha mais pedidos para fazer nas fontes ou quando soprava as velinhas de aniversário, por exemplo. Minha vida se tornou tão melhor do que eu imaginaria, que não me via mais no papel de pedir algo. Eu só pedia por saúde e que as coisas se mantivessem dando tão certo quanto estavam dando. Eu sabia que a qualquer momento a minha vida mudaria e nada continuaria da mesma forma, mas rezava para que pudesse continuar tudo bem pelo maior tempo possível.

Durante todos esses anos, poderia contar muitos casos sobre a força do pensamento e tudo que ela atraiu para a minha vida, mas vou contar um pouco sobre o início da minha vida profissional e todas as agradáveis surpresas que aconteceram ao longo desses sete anos.

Logo após perder a minha perna, comecei a ganhar muitos seguidores nas redes sociais. Naquela época, não era comum que as pessoas mostrassem seu corpo com todas as imperfeições e lidassem tão bem com o fato de não estarem de acordo com aquele "padrão" de beleza. Mesmo assim, comecei a mostrar o meu corpo, as minhas cicatrizes, a minha perninha amputada e todos os desafios que eu me colocava diariamente. Com o aumento dos meus seguidores, certo dia recebi um convite para participar de um programa de televisão muito famoso, o *Encontro com Fátima Bernardes*. Eu admirava muito a Fátima e, por ser fã de jornalismo, me espelhava nela e na forma como ela havia conquistado tudo aquilo. Então, quando ligaram me convidando para ir ao programa, me senti em um sonho. Eu apareceria na televisão e contando a minha história!

Fazia poucos meses que tinha colocado a minha prótese e eu ainda não me locomovia com facilidade, mas estava ansiosa para contar um pouco sobre o meu processo de adaptação e aceitação do meu corpo. O programa foi um sucesso, e logo que saí no palco vi que o número de seguidores havia aumentado consideravelmente. As pessoas se mostravam surpresas que, em tão pouco tempo, eu aceitasse aquela situação com leveza e alegria, sempre crendo nos planos de Deus.

Depois daquele dia, tudo mudou na minha vida. Todas as noites antes de dormir me conectava com Deus e tentava pensar no que postar, em como me comunicar com tantas pessoas que chegavam até mim e compartilhavam as histórias delas de forma tão honesta. Sabia que tinha uma grande responsabilidade nas minhas mãos. Responsabilidade do que falar, de como agir e do tipo de exemplo que eu queria passar. Mas isso não foi difícil, eu só queria ser eu mesma e conseguir falar de forma verdadeira o que eu havia aprendido com toda aquela experiência. Quando ia dormir, me imaginava viajando, trabalhando e conhecendo todas aquelas pessoas pessoalmente.

Foi então que, de pouco em pouco, as marcas começaram a chegar até mim e queriam me contratar para trabalhos. Eu me sentia muito especial e adorava essa movimentação da moda e da televisão de falarem mais sobre inclusão, sobre diferentes corpos e sobre a importância da diversidade em todas as áreas da sociedade. Todas as vezes que ia trabalhar, deixava o meu coração naquele trabalho. Eu me entregava e dava o meu melhor. Não importava que eu usasse uma prótese, eu tentaria ir além dos meus limites. Nadaria, mergulharia, andaria em terrenos irregulares, aprenderia poses diferentes e me dedicaria como nunca.

Deixar tudo de mim em cada trabalho fez toda a diferença. Sempre cheguei feliz, saltitante, me prontificando a fazer tudo o que era pedido. Com o passar dos anos isso não mudou. Eu poderia fazer um ou mil trabalhos que continuaria da mesma forma. Acho que o resultado disso foi a forma com que a minha vida profissional progrediu.

Tempos depois, comecei a ser contatada por grandes marcas que queriam não só trabalhar comigo, mas me queriam como modelo e embaixadora delas. Ser escolhida por marcas tão grandes e que eu já conhecia, como Lancôme, L'Oréal, Nivea, Nissan, Aussie, Under Armour e tantas outras, parecia verdadeiramente um sonho. Mal conseguia dormir, estava sem acreditar em tantas oportunidades que haviam surgido na minha vida.

Certo dia, fui contratada para fazer um trabalho na Califórnia durante o festival de música Coachella. Naquele ponto eu já enfrentava o meu medo de avião e viajaria sozinha, primeiramente de Belo Horizonte até São Paulo e em São Paulo pegaria um voo de quinze horas até Los Angeles. Eu não fazia tantos voos sozinha, mesmo naquela época, então passei dias apreensiva e pensando em quem sentaria ao meu lado durante aquele longo voo, torcendo para ser uma mulher com quem eu pudesse conversar, caso me sentisse tensa, ou então algum bebê para que eu pudesse ir brincando e me distraindo enquanto voava.

Quando chegou o grande dia, fiz o meu check-in no aeroporto, fiquei lendo o livro O *poder do agora* e esperando anunciarem o embarque. Assim que chegou a hora, fui andando pela aeronave procurando meu assento, que ficava bem atrás na janela. Ao encontrar a minha fileira, a 42, vi que já havia dois homens sentados ao meu lado. Cumprimentei e percebi que eles não eram brasileiros. Eu, que sempre fui muito curiosa e falante, não me aguentei e tive que perguntar de onde eles eram. Foi então que descobri que eram da China e tinham vindo ao Brasil a trabalho. Nunca tinha conhecido alguém da China e achei aquele fato supercurioso, então perguntei para eles sobre como era a vida na China e pedi para que eles me ensinassem algumas palavras em chinês. Filmei um pouco dessas brincadeiras e postei no meu Instagram, dizendo que estava fazendo amigos chineses.

O voo foi muito divertido e, no único momento em que houve uma turbulência, contei para eles sobre o meu medo de avião e eles foram supersolícitos ao dizer que estavam ali para o que eu precisasse. Quando chegamos no destino final que era Los Angeles, peguei o meu celular, tirei uma foto com eles e me despedi, achando que nunca mais os encontraria. Eu não sabia com o que eles trabalhavam e nem eles sabiam nada sobre mim. Tudo o que sabíamos eram os nossos primeiros nomes.

Um ano mais tarde, recebi um e-mail de uma grande multinacional de ar-condicionado, chamada Midea, querendo me contratar para a campanha anual deles. Aquele seria o maior trabalho que eu faria. Como já mencionei sobre este trabalho em outro capítulo, as filmagens aconteceriam na Tailândia, com uma equipe enorme, em que contariam um pouco da minha história. Em pouco tempo, eles concordaram com tudo o que havíamos pedido e fechamos o trabalho.

Quando cheguei à Tailândia, tive um dos maiores trabalhos da minha vida, mas consequentemente era o mais cansativo. Gravava o dia todo e à noite não conseguia dormir por causa do fuso horário. Mas o trabalho foi um sucesso! No final, ainda curiosa sobre o porquê de aquela empresa havia decidido contratar uma pessoa de tão longe, eles me contaram como tudo aconteceu.

Eles me disseram exatamente assim, em inglês:

— Paola, você se lembra de um voo que pegou no ano passado com dois chineses, onde vocês riram e você até mesmo tirou fotos com eles?

— Claro, eu me lembro!

— Então, aqueles dois que ficaram brincando com você durante o voo são os CEOs da nossa empresa. Assim que eles pousaram em Los Angeles, eles nos contataram e disseram que precisávamos te encontrar e fazer uma campanha com você.

Eu não podia acreditar! Dois grandes CEOs, voando de classe econômica ao meu lado, me deixando fazer vídeos, me ensinando chinês e até mesmo me oferecendo apoio quando fiquei nervosa durante uma turbulência no voo! Quando eles então me mostraram a foto que eu mesma tinha tirado, não me restava dúvidas. Era isso mesmo que tinha acontecido e, no momento em que eu menos esperava, acabei abrindo as portas para um dos trabalhos mais especiais da minha vida.

Dia após dia, fui vivendo e me surpreendendo com a forma com que oportunidades acontecem na nossa vida. As melhores surpresas acontecem quando menos imaginamos, mas acredito que um coração bondoso e o pensamento positivo fazem acontecer.

Minha experiência com Deus

"Minha experiência com Deus me mostra que tudo que fazemos com o coração e sem esperar nada em troca volta para a gente da forma mais linda."

E SE DEUS TIVESSE CHEGADO ATÉ MIM, quando eu tinha vinte anos, e tivesse falado:

— Paola, você vai realizar todos os seus maiores sonhos, vai chegar a lugares que nem imagina, conhecer pessoas incríveis e se sentir completamente realizada. Mas, antes, você vai precisar perder uma perna.

O que será que eu responderia naquela época? Eu não sei. Só que o incrível da vida é que ninguém nos adianta o que vai acontecer amanhã ou depois. Não tem aviso prévio, não tem preparação. O que tem que acontecer simplesmente acontece. E foi assim que eu perdi uma parte de mim e em troca eu renasci.

Uma das partes mais importantes da minha vida, e que por isso escolhi deixar para o final, é a minha relação com Deus. Deus para mim é a base de tudo. É Ele que me dá calma, que me faz sentir que tudo o que vivi foi escolhido para mim. A minha experiência com Deus começa quando eu ainda era bem pequena.

Fui criada em uma família católica e o meu pai sempre foi bastante religioso. Desde criança, me lembro dele rezando várias vezes por dia, nos falando sobre Jesus Cristo e sobre as inúmeras experiências que ele teve com Deus. Nas datas comemorativas, como Natal e Páscoa, sempre dávamos as mãos e rezávamos juntos, agradecendo por mais aquele momento especial da família unida. Fui batizada, fiz primeira comunhão aos dez anos e com quinze anos, querendo aumentar o meu contato com Deus, decidi me crismar também.

Buscar a Deus me trazia paz e plenitude. Eu amava estar dentro da igreja, participar de retiros e conversar com outras pessoas sobre esses assuntos. Como desde nova gostava de pesquisar e buscar respostas sobre a vida, o que aconteceria depois e o que de fato estamos fazendo aqui na Terra, encontrei a minha resposta na fé.

Algumas pessoas veem a fé como algo que elas precisam se agarrar para a vida ser menos sofrida e ter sentido. Acreditar em algo a mais certamente traria o conforto de não pensar que a nossa vida acabaria aqui e depois disso nada existiria. Eu já tive minhas dúvidas sobre isso, mas toda a minha vivência me deu a certeza de que não tenho fé para ter conforto, mas sim por ter presenciado experiências impressionantes.

Contar sobre as nossas próprias experiências com Deus é uma tarefa árdua, porque para quem as vive, tudo o que acontece é forte e não nos deixa dúvidas. Mas só vivendo e presenciando um verdadeiro encontro com Deus que somos capazes de entender tudo isso. Muitas pessoas buscam provas ou sinais de Deus, mas não se atentam aos detalhes do dia a dia.

Vou começar contando de um sonho que tive quando eu tinha sete anos, enquanto dormia na casa de Lagoa Santa. Há sonhos que ficam marcados na nossa memória, né? Eu não me lembro de muitos, mas alguns, principalmente pesadelos, eu nunca esqueci. Nesse dia, me lembro que acordei extremamente assustada e com medo, depois do que eu tinha sonhado. Sonhei que tinha sofrido um acidente, morrido, e aí Deus apareceu na minha frente e eu pedi uma nova chance de viver. Me lembro bem de dizer a Deus que eu aproveitaria cada segundo da minha vida e eu pedia encarecidamente para que Ele me deixasse voltar. Eu não queria ir embora. Como resposta, Ele me deixou viver. Acordei assustada, chamei a minha mãe, que estava logo ao meu lado, para me fazer companhia acordada, já que eu não queria voltar a dormir. Aquele sonho parecia real demais. Hoje, penso nele como uma incrível coincidência. Na verdade não sei se foi pura coincidência.

Treze anos mais tarde, eu sofri o acidente. E é aí que a história fica mais interessante. Enquanto estava dentro do bloco cirúrgico no meio da minha cirurgia de amputação, meus pais choravam e se preocupavam muito com o que estava acontecendo. Então meu pai conta que, no meio do desespero, apareceu uma enfermeira andando pelo hospital e disse para ele:

— Deus salvou a vida da sua filha.

Ele achou aquela mensagem tão forte e então resolveu procurá-la assim que a cirurgia acabou, mas ele nunca mais viu aquela mulher.

No dia seguinte, enquanto rezava, meu pai questionava sobre o porquê de aquilo ter acontecido comigo. Por que, logo comigo e por que ele, mesmo sentindo que deveria ter impedido aquela minha viagem durante a madrugada, me permitiu ir. Ele rezava em voz alta:

— Jesus, onde você estava quando tudo isso aconteceu?

Foi quando ele ouviu em seu interior uma resposta que não esperava:

— Eu estava dentro dela.

Essa poderia ter sido uma resposta comum nas orações do meu pai, mas isso ia totalmente de acordo com o que senti desde o momento do acidente, até todos aqueles primeiros dias de hospital. Eu, me conhecendo, não diria que ficaria tão tranquila e aceitaria aquela mudança tão bem. Meus melhores amigos e até mesmo familiares também achavam que eu me entristeceria ou até mesmo me revoltaria com a amputação, mas não foi isso que aconteceu. Nunca houve um momento de tristeza desde que recebi a notícia. Não houve revolta ou choro. Havia paz.

No exato momento do meu acidente, eu fiquei tranquila, sentindo muita dor, mas calma, enquanto esperava a ambulância. Depois, quando os meus pais me deram a notícia da amputação, a minha primeira fala foi sobre o quanto eu estava grata a Deus por estar viva e sobre os inúmeros sonhos que eu ainda queria realizar.

Logo depois da minha cirurgia de amputação, quando fiquei internada na UTI ou mesmo no quarto do hospital, eu sentia a presença de Deus muito próxima a mim. Quando pude pegar o meu celular, imediatamente abri o meu bloco de notas e comecei a escrever sobre o tamanho da gratidão que eu sentia por Deus ter me dado essa segunda chance de vida e fazia postagens também falando sobre eu não ter me entristecido com o que tinha acontecido. A minha tranquilidade pegou positivamente todas as pessoas ao meu redor desprevenidas porque, por mais que eu fosse feliz e tranquila, ninguém imaginaria, nem nos melhores cenários, uma reação como aquela.

Quatro anos mais tarde, no início de 2019, tive uma das mais fortes experiências com Deus que eu poderia imaginar. Arthur, que na época já era meu ex-namorado, me ligou um dia contando que uma amiga tinha sofrido um acidente gravíssimo e estava entre a vida e a morte no hospital. As chances de ela sobreviver eram mínimas. Naquele momento, paralisei. Não conseguia acreditar no que estava acontecendo e aquela notícia me abalou muito.

Nos dias seguintes eu só conseguia chorar e rezar, pedindo sempre para que ela conseguisse se recuperar. Tive que fazer uma viagem a trabalho para São Paulo, mesmo no meio de tantas emoções, para participar de um desfile que eu havia sido contratada meses antes. Chegando ao hotel, estava tão triste que quase desisti de participar, mas eu tinha que honrar o meu compromisso. Desfilei e saí direto para o aeroporto para voltar para Belo Horizonte. Durante o voo, eu olhava para fora da janela rezando incansavelmente, até que certo momento veio uma mensagem muito clara na minha cabeça:

— Paola, é claro que ela vai ficar bem. Ela está passando por isso tudo, e vocês vão se reencontrar.

Assim que o avião pousou, decidi ir correndo até o hospital em que ela estava internada. Chegando lá, encontrei a família da minha amiga que me abraçou, muito emocionada. Logo falei para a mãe dela ficar tranquila, que Deus tinha falado comigo que ela ia ficar bem. Naquele momento ninguém estava muito otimista com sua recuperação, mas a mensagem que recebi bastava para eu ter certeza de que aquilo acontecia por uma razão.

Entrando no quarto de minha amiga, fui direto até a maca e, olhando para ela, peguei as minhas mãos e comecei a fazer movimentos em cima dela, pensando sempre na cura e na regeneração total daquele corpo. Me vi entrando em um processo de oração como nunca havia vivido antes e, após alguns minutos, quando me virei para trás, todas as pessoas que estavam ali no quarto e presenciaram aquilo, estavam ajoelhadas emocionadas e rezando também.

Dois dias depois, acordei no meio da madrugada com um dos piores pesadelos que já tive. Sonhei que a minha amiga havia morrido e eu estava no enterro dela olhando para a lápide. Aquele sonho me fez sentir um verdadeiro desespero de que aquilo se concretizaria, então comecei a rezar incessantemente novamente, pedindo a Deus para que não deixasse nada de pior acontecer. Dormi de novo e, quando acordei, recebi a notícia de que durante aquela noite os médicos avisaram à família dela que a pressão do cérebro estava muito alta e que já não seria mais capaz de voltar ao normal. Consideraram então que ela já estava em processo de morte cerebral e começaram a preparar a família. Foi então que, milagrosamente, naquela mesma noite, ela começou a melhorar de uma forma que a ciência ainda não poderia explicar.

Dias depois, ela já estava acordada, consciente e pronta para começar o processo de reabilitação. Eu, além de aliviada, presenciei uma das maiores experiências com Deus e algo que me fez ter muita certeza de que existe um contato direto entre nós e algo muito maior. Talvez não sintamos sempre a presença de Deus ou não conseguimos sempre ouvir Ele falando com a gente, mas os sinais existem e o diálogo existe, só precisamos estar conectados com a nossa essência e a nossa espiritualidade.

Depois desses acontecimentos, até hoje gosto de dizer que "Deus é meu amigo". E eu realmente sinto que Ele é. Sinto que Ele me encoraja em tudo o que realmente temo. Sinto que quando tenho perguntas ou estou em um conflito tenho as respostas necessárias. Constantemente, peço para que Deus me dê sinais e eu todas as vezes percebo esses sinais de forma muito clara. Acredito, sim, que Deus seja meu amigo, mas a verdade é que Deus é amigo de todos, só precisamos nos atentar aos sinais. Ele está aqui, Ele nos ouve, mas principalmente: Ele vê as nossas atitudes, o nosso coração.

Minha experiência com Deus me mostra que tudo que fazemos com o coração e sem esperar nada em troca volta para a gente da forma mais linda. Deus sabe o que precisamos passar para evoluir, para crescer. Hoje em dia, brinco que até mesmo quando vou voar de avião, dou sorte de escolher logo os dias em que inesperadamente não chovem. Até quando já passei por grandes turbulências, uma vez comecei a mentalizar "céu com estrelas, céu com estrelas" e em alguns segundos as nuvens saíram e eu vi um lindo céu com estrelas da janela do meu avião. Eu tenho uma fé muito grande e acho mesmo que com a fé coisas inesperadas podem acontecer.

Ter fé tornou maior a certeza de que as coisas que aconteceriam comigo tinham que acontecer. E isso me permitiu pensar de forma muito mais racional quando algo de ruim acontecia. Quando não conquisto algo que queria muito, quando recebo um não ou quando um relacionamento termina, sei que vai acontecer o que tiver que acontecer para mim. E o que não for, vai embora das mais diversas maneiras. Confiar em Deus e no Universo não significa não sofrer com o que acontece com a gente, mas saber que tem algo maior cuidando disso e que talvez mais para a frente a gente entenda o sentido de todas as coisas.

Na época em que tive as minhas crises de ansiedade, me afastei da minha espiritualidade. A junção de alimentação ruim, falta de sono e estresse me fizeram chegar ao limite do meu corpo, mas, juntamente com isso, algo que agravava as minhas crises era pensar em Deus e no que tinha depois dessa vida e não ter certeza da resposta.

Até que houve um dia, viajando para o México a trabalho, em que passei o voo inteiro em estado de meditação e rezando. Eu tinha acabado de terminar um namoro e queria ter certeza de qual atitude tomar depois daquilo. Foi então que, depois de sete horas, abri os olhos e vi claramente o cruzeiro do sul ocupando toda a janela.

Sem dúvida, a minha certeza de Deus veio da minha própria experiência. Como não acreditar em Deus com tantas provas e tanta presença na minha vida? Creio que só o meu acidente em si e tudo que aconteceu depois dele é a maior prova de Deus agindo, de propósito, de missão. Eu sei que tinha que ter sido comigo. Não poderia ter sido com mais ninguém. Só passamos por situações que conseguimos enfrentar e lidar com elas. E agradeço por ter sido escolhida para lidar com essa.

Depois de um tempo, entendi que há coisas aqui na Terra em que não temos que saber, ou ainda mais: não devemos saber. Se fosse para termos todas as repostas, certamente teríamos. Não podemos ter certeza do nosso futuro, de para onde vamos ou de como vai ser o amanhã. Talvez todas essas questões sem solução sejam exatamente o que nos faz valorizar a vida, o que nos faz viver e nos entregar para essa experiência incrível.

Na época do meu acidente, realmente não sabia o porquê de aquilo ter acontecido, mas também não foquei isso. Muitas pessoas me diziam que Deus tinha uma missão para mim, outras acreditavam que era só um acidente. Eu sabia da possibilidade das duas hipóteses, mas pensei: sendo um acidente ou sendo algo que "tinha que acontecer", eu devo dar o meu melhor a partir daqui. Tenho que viver a vida ao máximo, tenho que ir atrás dos meus sonhos e ter as melhores experiências que eu puder ter.

Hoje, sete anos após o meu acidente, não só acho como sinto dentro do meu coração que esse é o meu propósito de vida por aqui. E que lindo propósito! Sou tão grata a Deus por ter sido escolhida para algo tão grande e tão especial. Se me dessem a chance de voltar atrás e mudar o que aconteceu, eu jamais voltaria. Tudo o que aprendi, a forma que mudei e a oportunidade que tenho de fazer a diferença na vida das pessoas são as coisas mais valiosas que eu poderia sonhar.

19/05/1994: com minha mãe e meu pai no dia do meu nascimento. Primeira filha de uma família que ainda cresceria.

Ao lado, com nove meses.

Abaixo, com minha mãe na piscina da nossa casa de campo em Lagoa Santa (MG). Sempre fomos muito próximas e toda foto com ela retrata essa nossa ligação.

Perdi uma parte de mim e renasci

Com um ano e meio e usando um dos meus vestidos que minha mãe mais amava.

Com meu pai.

Com meu irmão Antonio Tadeu. Nessa foto sou eu, com dois anos, já tomando conta dele enquanto minha mãe tomava banho. Sempre fui apaixonada por ele.

Com minha boneca Barbie da época.

Ainda criança, na casa de Lagoa Santa, com vários de nossos cachorrinhos. Na foto Verusca, uma das minhas primeiras cachorras e os filhotinhos dela.

Perdi uma parte de mim e renasci

Dentro do berço com meu irmão Cristiano. Eu cuidava dele como se fosse um bonequinho meu.

Buddy: o grande amor da minha vida e que despertou em mim esse amor tão grande pelos animais.

Na praia aos dezessete anos e ainda com duas pernas.

Em um casamento em BH: uma das últimas fotos que tenho com duas pernas, alguns meses antes de sofrer o acidente.

Perdi uma parte de mim e renasci

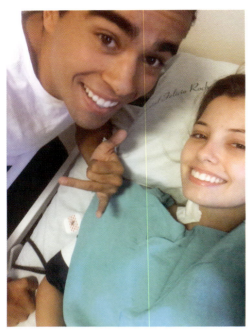

Minha primeira foto após a amputação. Ao meu lado, Arthur, meu namorado na época. Essa foto foi encaminhada logo em seguida para o grupo das minhas amigas com: "Ela está bem! Fiquem tranquilas!".

Minhas mãos com as do Arthur em uma das tardes que ele passou comigo no hospital. Ele ficava de mãos dadas comigo todos os dias enquanto eu dormia por efeito dos remédios.

A primeira foto quando finalmente tive alta do hospital e iria para casa continuar a recuperação. Eu, meu irmão Antonio Tadeu e minha mãe.

Eu com meu grupo de amigas, VPS, em nosso primeiro encontro após o acidente. Todas são minhas colegas desde o colégio. Na foto: Luisa, Nat, Lara, Laura, Fe, Dri, Rayane, Izabela, Teté, Clara e Júlia. Faltando Ana e Lelê.

Dando os primeiros passos com a prótese.

Perdi uma parte de mim e renasci

Com o Arthur na fisioterapia, em um dos meus primeiros treinamentos com a prótese.

Minha primeira vez na praia depois de perder uma perna. Que emoção eu sentia ali!

Uma das minhas primeiras aventuras, logo depois de conseguir ir à praia, foi andar de skate na orla com o Arthur.

Sem a minha prótese, tomando sol na piscina.

De cabeça para baixo!

Com minha família peluda: Buddy, Lolla e Panda. Me ensinaram e me ensinam tanto sobre o amor!

Em Fernando de Noronha. Sempre uma nova aventura com a minha "pernoca".

Usando uma fantasia de "Barbie Amputada" no Carnaval.

Com a minha boneca Barbie atual. E hoje mais especial do que a da infância, porque é amputada e usa uma prótese.

Em Fernando de Noronha, depois de fazer uma trilha superdesafiadora. Chegar e ter essa vista linda fez tudo valer a pena!

Com Isabelle, que marcou a minha vida e me ensinou muito enquanto viveu aqui na Terra. Ela me fez querer ajudar ainda mais crianças e jovens, e sempre lidou com muita leveza com o câncer que teve, por mais difícil que tivesse sido.

Com Ana Julia, uma criança amputada e ajudada pelo Instituto Paola Antonini. "Juju" colocou uma prótese rosa e brilhante igual a minha!

Com Aline, uma das primeiras crianças que ajudamos pelo Instituto Paola Antonini. Ela foi atropelada quando tinha apenas cinco anos e, a partir dali, começou a usar uma prótese que o próprio pai fez usando canos e madeira. Quando soubemos da história dela, a presentamos com uma prótese linda e brilhante!

Perdi uma parte de mim e renasci   173

Surfando no Rio de Janeiro. Que emoção!

Minha primeira vez esquiando depois de perder uma perna.

Remando um caiaque em Foz do Iguaçu.

Mais uma das minhas aventuras: mergulho em Fernando de Noronha com a minha prótese.

Depois de vencer o prêmio Social Awards, em Praga, na categoria "Social Impact & Change".

Uma das minhas paixões: palestrar.

176 Paola Antonini

Depoimento dos meus pais — Parte 2

"Logo após darmos a notícia da amputação para a Paola, ela já foi transferida para outro hospital, o Hospital Felício Rocho. Ali começava um novo ciclo cheio de desafios, começando pela dor. Para tentarem conter a dor da amputação, os médicos utilizavam dos mais fortes remédios, chegando até à morfina. Ao mesmo tempo, ela precisava fazer fisioterapia, ir à psicóloga, fazer exames diários e já começávamos a perceber as primeiras adaptações necessárias.

Por mais que as coisas não estivessem fáceis e apesar de todas as dificuldades, Paola continuava firme, forte, confiante e positiva a todo momento. As noites eram mais sofridas, porque veio a conhecida "dor fantasma", sobre a qual na época ainda não tínhamos conhecimento, mas era uma dor no membro amputado (na parte que não estava mais lá) e que era causada pela memória do nervo. Era uma dor angustiante e que piorava drasticamente de madrugada, por isso eu tentava conversar com ela para distraí-la, mas não foi fácil para ela e nem para mim, como mãe. A todo momento eu tentava me mostrar forte. Na verdade, acho que fui muito forte. Sempre estive presente em todos os momentos, desde as trocas de curativos, todos os exames, procedimentos e gostava de saber tudo que estava acontecendo. Só saía de perto dela depois do almoço para tomar banho e ir à igreja!

Criei o hábito de todos os dias à tarde ir à igreja do Belvedere, em Belo Horizonte. A igreja sempre estava vazia, eu olhava para o Cristo no altar, ajoelhava na frente dele e desabava a chorar. Eu permitia que aquele fosse o meu momento. Momento de perguntas, de dúvidas, de desabafos: "Por quê, meu Deus? O que eu fiz para merecer passar por isso? Sempre havia sido uma mãe tão dedicada, presente, cuidadosa (muitas vezes até em excesso). Por que Deus fez isso?".

E a resposta veio: "O que aconteceu não foi castigo. Paola foi escolhida". Quando escutei essa reposta dentro do meu coração, comecei a aceitar e entender que talvez daquela situação sairiam coisas boas. Ali eu já começava a entender que eu havia sido presenteada com uma filha tão maravilhosa e que ia transformar muita coisa. Quando fizeram a primeira amputação da Paola, logo após o acidente, por questões de segurança me pediram para assinar um termo autorizando que a amputação fosse no meio da coxa. O esmagamento da perna havia sido abaixo do joelho, então naquela hora, mesmo sem entender sobre, sentia que eu não deveria concordar com a amputação tão acima. Por isso não autorizei, apesar de o médico ter explicado que daquela forma não seria tão seguro e que poderia infeccionar a qualquer momento.

Daquela forma, na primeira cirurgia eles deixaram o joelho e amputaram logo abaixo. Com medo de infeccionar, todos os dias eu me sentava ao lado dela na cama, colocava as minhas mãos sobre o curativo que ficava em volta da perna amputada e pedia a Deus que cicatrizasse aquela ferida e que não deixasse nada de mal acontecer. Eu tinha certeza de que Deus agiria!

O curativo era trocado de três em três dias e tudo corria muito bem, até que chegou o dia de eu levá-la para finalmente tirar os pontos. Quando o médico abriu o curativo, para a minha enorme tristeza, havia necrosado. Paola deveria ir no dia seguinte para outra cirurgia, onde era certo que teriam que subir a amputação, só não sabiam até onde. Apesar da angústia e da tristeza que eu sentia, a cirurgia foi um sucesso e só retiraram o joelho. Ela ainda havia permanecido com o fêmur inteiro.

Mais tarde, quando chegou o momento de ela colocar a prótese, o protesista, Fabricio, nos contou que a perna dela estava perfeita para a colocação da prótese. Ele nos contou que se não houvesse tido essa segunda cirurgia, ela teria mais dificuldades para se adaptar com a prótese. Mais uma vez, Deus nos mostrou que faz tudo perfeito!

Nas minhas idas diárias à igreja, prometi a Deus que levaria a Paola comigo assim que tivesse alta do hospital e pudesse se locomover. O mais incrível é que assim que saímos do hospital recebi uma ligação da igreja do Belvedere (a mesma que eu já frequentava quando estava vazia e ninguém sabia) convidando a Paola para dar um testemunho de vida. Eles marcaram um dia à noite e fomos.

Quando chegamos lá, para a nossa surpresa a igreja estava completamente lotada. Paola então subiu no altar e ficou exatamente embaixo do mesmo Cristo que me ouviu e me acolheu por tantos dias. E ela estava exatamente ali, onde eu havia prometido levá-la assim que saísse do hospital. Enquanto ela falava, todos no local se emocionavam. Lágrimas escorriam para todos os lados e eu só conseguia sentir um orgulho e uma admiração que não cabiam em mim.

Depois de tudo o que passamos, Paola me ensinou que tudo o que temos de mais valioso é a nossa vida. Acordamos todos os dias com a chance de viver e estarmos vivos é uma dádiva! Vamos passar por dificuldades, por situações inesperadas, mas aí entra a nossa fé e a certeza de que Deus está presente. No meu caso, nunca perdi a fé e sempre segui agradecendo. A gratidão faz parte da minha vida diariamente. Gratidão por ter construído uma família tão linda e com filhos que me enchem de orgulho.

Vejo hoje, sete anos após o acidente, que Paola virou muito mais do que eu como mãe poderia imaginar: uma menina linda, forte, determinada, cheia de garra, que trabalha muito, mas que também dedica grande parte do seu tempo ajudando pessoas, inspirando e dando força. Ela segue transformando vidas através do amor.

Quando perguntei a Deus o porquê de tudo aquilo ter acontecido, eu não imaginava o que viria pela frente. E veio o renascer de uma menina de apenas vinte anos, que até hoje sempre deixou, por onde passou, um caminho cheio de luz. Ela é pura luz."

Mãe

"Depois do acidente, eu me sentia extremamente abalado e questionando constantemente sobre o porquê do ocorrido. Até que, em determinado momento, perguntei a Deus como aquilo pôde ter ocorrido com a nossa Paolinha. Ressaltei a Deus como todos de nossa família exercitávamos os princípios cristãos e mantivemos a dedicação ao próximo, a caridade e a compaixão sempre presentes. Daquela forma, eu não conseguia compreender.

De repente, do canto de um corredor enorme da ala de UTI do hospital, sai uma enfermeira que vem à minha direção. Ao chegar perto de mim, olhou bem fixamente nos meus olhos e disse:

— Deus salvou a vida da sua filha.

Como isso podia ter acontecido, se ela estava tão longe de mim quando eu questionava a Deus sobre o ocorrido? No mesmo momento compreendi que foi a forma de Deus me dizer que esteve e estava presente todo o tempo e que Paolinha tinha sido salva.

Mais tarde fui compreender também que Ele queria me dizer que aquilo precisava acontecer e que havia ali uma linda missão à nossa Paolinha.

Depois percebemos que pela forma incrível que a Paola reagiu — eu nunca a vi deprimida ou chorosa com o ocorrido — só podia mesmo, de alguma forma, estar esperando e preparada para aquilo.

Ainda no hospital e no mesmo dia, perguntei a Deus:

— Meu Deus, onde o Senhor estava naquele momento?

Foi quando ouvi claramente Ele falar ao meu ouvido:

— Eu estou dentro dela, Tadeu.

Fiquei extremamente emocionado e chorei muito, mas, daquele instante em diante, meu coração se acalmou totalmente e permanentemente, pois se Deus estava com ela e dentro dela, eu sabia que ela estava protegida e que tudo dali para a frente daria certo. Isso realmente ocorreu, com a Paola iluminando o mundo ao seu redor e exaltando a importância, dia após dia, da esperança, do amor, da fé e da resiliência."

Pai

Concretizando o meu propósito

"Vejo o propósito como a vida em si. O seu propósito é aproveitar ao máximo essa experiência, é buscar evoluir, é aprender a valorizar, dia após dia, o que realmente importa nessa vida."

GRANDE PARTE DAS PESSOAS vive em busca do seu propósito. O que viemos fazer aqui? Que diferença posso fazer no mundo?

Enquanto várias pessoas buscam feitos grandiosos e querem deixar um grande legado quando morrerem, eu nunca acreditei nisso.

Não quero pensar em como serei lembrada, não quero focar em bens materiais, eu só quero viver a melhor vida que eu puder. A visão que tenho de "propósito" é a mais simples e genuína: é sobre encontrar a sua verdade.

A sua verdade não é o que o mundo te ensina que é o caminho certo. Não acho que sua verdade seja pensar em grandes títulos, na promoção do trabalho ou no sucesso profissional. A sua verdade é o que preenche o seu coração. É o que te faz transbordar. Feche os olhos e tente pensar no que te desperta as melhores sensações no dia a dia. É ouvir a sua música favorita? Comer uma comida que você adora? Rir junto com a sua família? O que de verdade te transborda?

Vejo o propósito como a vida em si. O seu propósito é aproveitar ao máximo essa experiência, é buscar evoluir, é aprender a valorizar, dia após dia, o que realmente importa nessa vida. E quando você encontrar a sua verdade e se conhecer profundamente, aí encontrará seu propósito com clareza. Não precisará ficar em uma busca inalcançável. E nesse momento, você não precisará de um propósito enorme, você só precisará saber que ali está o seu coração.

Quando parei para pensar nisso, tudo fez sentido. O que é o mais importante na minha vida? A minha família, os meus cães, os meus amigos. Amo e me dedico ao meu trabalho, mas ele nunca virá antes das pessoas. Pessoas e animais sempre foram e sempre serão a minha prioridade. Não me estresso com dinheiro, não penso em acumular. O dinheiro para mim é uma forma de proporcionar as melhores experiências a todos que eu amo. Não sei se vou estar aqui hoje ou amanhã, então qual o sentido de perder a minha paz preocupada com isso?

Entendo que existem pessoas que valorizam a vida profissional mais do que tudo. Vivem em busca de bens materiais e reconhecimento, mas aí está um grande equívoco. Você pode amar o seu trabalho, pode ter seus objetivos e sonhos, mas não pode deixar as pessoas em segundo lugar. Se todos os seus planos derem errado, a sua base sempre será a sua família, os seus amigos.

Acho que outro grande erro das pessoas é o de nunca estarem satisfeitas com o que têm. É sempre querer mais. Querer ganhar mais dinheiro, ser promovido, mudar de casa, viajar mais. Tudo bem você ter objetivos e metas, mas isso jamais pode ser prioridade na sua cabeça.

Deixa eu te contar uma coisa? O seu propósito é ser feliz. É olhar pela janela e apreciar o céu, as estrelas, as árvores, os animais. Quer coisa mais mágica que isso? Muitas vezes deixamos de ver a mágica nas coisas mais simples, quando elas na verdade têm o poder de nos fazer transbordar.

Seja verdadeiro a quem você é. Aja de acordo com os seus propósitos, tome decisões escutando o seu coração. Sei que parece clichê a frase "siga o seu coração", mas o nosso coração carrega as respostas que buscamos às questões que nos afligem. O nosso coração sabe aonde nos levar, ele sabe o que nos faz bem e o que nos faz mal.

Digo que, se hoje eu recebesse a notícia de que era o nosso último dia na Terra, eu não faria nada de diferente. Impressionante isso, né? Mas é a verdade. Eu não faria algo que deixo de fazer por falta de coragem, eu não viajaria ou tomaria decisões diferentes. Eu teria o mesmo dia. Aproveitaria a minha família, brincaria com meus cães, assistiria a uma série, ouviria músicas incríveis. E sabe que sempre temos que pensar nisso?

Por mais que nunca recebamos a mensagem de que é o nosso último dia na Terra, essa é uma verdade para várias pessoas. Não sabemos até quando estaremos aqui. Não sabemos se o nosso último dia será hoje ou amanhã. Não sabemos se teremos mais algumas horas ou minutos, então qual o sentido de viver a vida sempre pensando no futuro e em coisas que ainda não temos? Não há sentido. Se você tem uma ideia, corra atrás para realizá-la, porque sempre pode ser a sua última chance. Se você tem um sonho ou um desejo profundo, seja pessoal ou profissional, não importa se você tem quinze ou sessenta anos, vá atrás dele. Acredite e faça acontecer, porque pode ser a sua última chance para fazer a grande escolha da sua vida.

Toda pessoa que não está mais aqui foi embora com sonhos ainda não realizados. Com planos para amanhã que não puderam acontecer. Você quer ir embora daqui cheio de planos ou quer estar tranquilo de que fez tudo para aproveitar com quem você ama?

Deixe o celular de lado, dê boas risadas ao lado de quem você ama. Tenha conversas complexas sobre a vida, mas também conversas bobas e leves. Faça um jantar com a sua família, falem abertamente sobre os seus sentimentos. Demonstre sempre o seu amor, carinho e admiração. Não seja duro demais, não mantenha o seu orgulho. Faça carinho nos seus animais de estimação, passeie com eles e dedique tempo a realmente só estar presente ali com eles.

Atitudes pequenas como essas tornarão os seus dias muito mais leves. Todos têm responsabilidades e trabalho, mas todos têm tempo suficiente para dedicar atenção às pessoas.

Você quer dedicar o seu tempo ao seu legado ou à sua felicidade agora? Se a sua vida acabasse amanhã, você estaria feliz com os seus últimos dias? Se a resposta for sim, continue vivendo dessa forma, se for não, mude imediatamente. Não espere algo de ruim acontecer para mudar os seus hábitos e as suas atitudes.

Você quer descobrir o seu propósito? Comece se descobrindo. Entenda quem você é, as suas qualidades e também os seus lados obscuros. Só se conhecendo e aprendendo a aproveitar as coisas simples da vida você vai se conectar com seu verdadeiro propósito.

Certa vez, fiz algo muito interessante. Era o início da quarentena no Brasil por causa do coronavírus. Depois de quase um mês sem sair do meu apartamento, decidi que era hora de investir em mim mesma. De investir em autoconhecimento. Não sabia mais quantos dias ficaria dentro de casa, então resolvi tirar esse tempo para mim. Peguei uma folha de papel em branco e nela escrevi como título: "Quem sou eu". Logo depois, comecei a listar as minhas características reais, os meus gostos, quem eu era como indivíduo, tirando a influência das pessoas à minha volta. Quando fui ler a minha lista, que ocupava mais de duas páginas, percebi que tinham mais defeitos do que qualidades. Acho que nem sempre é fácil falar de todas as qualidades que temos, mas reconhecer os nossos defeitos é algo extremamente benéfico. Reconhecer e entender é o primeiro passo para a mudança. Me conhecendo eu pude entender os meus sentimentos, desejos e só assim moldar o que eu esperava do futuro.

A partir da lista que fiz, tirei também uma das maiores lições da minha vida: não depositarmos nossas responsabilidades nas mãos de outras pessoas. Podemos amar o outro, podemos nos dedicar e podemos sim criar expectativas, mas não podemos criar uma dependência. Uma vez uma amiga me disse: "Você deve ser a sua base! Se tudo der errado, se as pessoas te deixarem, você pode sofrer, mas volte sempre para a sua base que é você!". Nunca me esqueci desse conselho.

O nosso propósito é nosso e de ninguém mais. Cada um de nós deve viver a vida levando em conta sua individualidade. Viver a vida do outro é um grande erro e colocar a nossa felicidade na mão das pessoas também. Sua maior felicidade deve ser você e a sua vida.

Foi a partir desses aprendizados que entendi o meu propósito. E o que preenchia meu coração, além dos momentos em que estava com quem eu amava, era poder ajudar outras pessoas. Quando amputei a perna, conheci um mundo totalmente novo para mim. Um mundo que era extremamente desafiador, mas também incrivelmente especial. Eu tive grandes oportunidades de ter uma boa prótese que me possibilitava fazer tudo que eu quisesse fazer, mas eu sabia que grande parte da população não tinha a mesma oportunidade. Foi então que poucos meses após ter amputado a minha perna, em maio de 2015, comecei a receber incontáveis pedidos para visitar crianças que estavam internadas em hospitais e que tinham amputado a perna por diversos motivos. Um dos motivos principais era um câncer no osso que atingia, na sua maioria, crianças e adolescentes. Esse câncer, osteossarcoma, geralmente começava com uma dor forte que se assemelhava a uma dor de crescimento, até a família descobrir que na verdade era um tumor no osso daquela criança. Não era fácil. Quando uma criança descobria ter uma doença, ela, e todos ao seu redor, sofriam muito. Mas quando recebi convites para visitar algumas dessas crianças, eu nunca tive dúvidas de que aquilo me alegraria, e eu poderia tentar levar um pouco de felicidade para essas pessoas que sofriam tanto.

Me lembro bem de que a primeira criança que eu conheci foi a Vitória, que tinha apenas sete anos e era pura alegria e desinibição, apesar de tudo por que passava. Logo de início ela já me perguntou se poderia brincar novamente, mesmo sem a perninha. Então eu respondi:

— Claro que vai poder! Não só brincar de novo, mas correr para todos os lados, fazer tudo o que você quiser fazer.

Quando eu dei essa resposta, vi os olhos dela brilharem, então abri o meu celular para mostrar um pouco do que eu fazia e todas as aventuras que eu me arriscava. E ela continuou:

— Mas vou poder usar saltinho de novo?

— Claro que vai! Eu uso saltinho também, inclusive já até desfilei com salto alto. Você vai ter uma vida normal!

Mesmo quando fui embora daquela visita, continuava encantada e pensando ininterruptamente em como aquela visita havia me feito bem também! Eu já queria marcar de encontrá-la de novo, queria doar uma prótese e queria levá-la para se aventurar da forma que ela quisesse. Começamos então a conversar pelo celular diariamente, depois levei ela para assistir a um filme no cinema, onde ela nunca tinha ido antes. Quando me vi, estava semanalmente visitando a Vitória. Ao mesmo tempo, passei a visitar outras crianças também, como a Hiane e a Sophia.

Pouco mais de um ano e meio após eu conhecer a Vitória, enquanto eu fazia uma viagem para a Austrália, recebi uma ligação me dizendo que ela havia piorado muito e infelizmente o câncer havia atingido os seus pulmões. Poucos dias depois, ela nos deixou. A vida da Vitória me ensinou muito. Aquela menina de tão pouca idade havia feito uma diferença na minha vida que nem ela mesma fazia ideia. Ela não só me fez ver a vida com ainda mais leveza, como fez crescer em mim essa vontade de ajudar outras pessoas e usar a minha voz e tudo o que eu tinha conquistado para dar para os outros as oportunidades que eu tive. Foi assim que comecei um processo lindo de visitar e ajudar outras crianças e jovens.

De lá para cá, conheci Raiane, Ana Clara, João, Rainny, Samuel, Isadora, Guilherme, Felipe e tantos outros incontáveis jovens. Eu sempre convocava os meus seguidores do Instagram e contava com a ajuda do meu protesista, Fabricio, para conseguir comprar uma prótese para cada uma delas. Me assegurava que cada perninha seria do jeito que elas haviam sonhado. Colorida, brilhante, neutra, de super-herói... Mas ao mesmo tempo que isso me trazia a maior alegria da minha vida, tive também que lidar com a perda de vários desses jovens, que não conseguiam se curar dessa triste doença que é o câncer. Foi o caso da Isabelle, que tinha apenas doze anos quando nos deixou. Isabelle foi outra criança que marcou muito a minha vida. Ela virou quase a irmã mais nova que eu nunca tive. Passávamos juntas aniversário, Páscoa e eu fazia questão de sempre comprar balões, bolos e chocolate para ela. Eu queria poder levar um pouco de amor, apesar da dor que ela sentia. Então semanalmente ia até o hospital onde ela fazia quimioterapia e passava a tarde com ela, conversando e tentando distraí-la das fortes dores que sentia.

Quando Isabelle deixou essa vida, eu senti muito. Eu, a menina que sempre tinha sido forte e aparentemente "fria" para todos ao seu redor, precisou de uma pausa. Lidar com a morte tão perto de nós não é uma tarefa fácil. Na mesma época eu lidava com um episódio de ansiedade e que creio ter sido potencializado por essa perda. Decidi então me afastar do trabalho voluntário por alguns meses para que, quando voltasse, estivesse pronta para colocar todo o meu coração de novo e dar a essas crianças tudo o que elas sonhassem.

Por mais que eu nunca tivesse sonhado com grandes conquistas, eu sabia que meu plano era maior. Algo me chamava para de verdade fazer a diferença no mundo. Postar o meu dia a dia nas minhas redes sociais era ótimo, me levar a novos desafios também, mas não era o suficiente. Após viver tantas experiências de trabalho voluntário, eu sabia que aquilo fazia o meu coração bater mais forte e era aquilo o que eu queria fazer pelo resto da minha vida.

Comecei então a cada vez mais separar uma parte do meu salário com a internet para protetizar outras pessoas. Era incrível a sensação de ajudar o próximo, mas eu queria ir além. Eu sabia que, de pouco em pouco, éramos capazes de mudar uma realidade, mas eu queria fazer a diferença no mundo. E eu sabia que para ir além eu precisava de mais pessoas comigo.

Seis anos após o meu acidente, juntei tudo que ganhei ao longo desse tempo, a minha voz e a minha vontade de concretizar o meu propósito, para realizar um dos meus maiores sonhos: criei o Instituto Paola Antonini.

O instituto surgiu com a missão de reabilitar pessoas com deficiência física a partir da doação de próteses, órteses, acessórios ortopédicos, assistência fisioterápica e psicoterápica. A partir do dia 27 de dezembro de 2020 começamos um novo capítulo na minha vida. Um capítulo ainda mais lindo e especial.

Quando eu imaginaria que um acidente tão grave me abriria tantas portas? Ou que me faria ter a chance de mudar tantas vidas? Receber crianças que haviam amputado a perna no meu instituto me trouxe sensações que eu nunca havia sentido antes. Ver os olhos delas brilhado ao ver a minha perna brilhante e se mostrando ansiosas para ter uma prótese exatamente daquele jeitinho fez tudo ter sentido para mim. Nada tinha acontecido por acaso. Graças a Deus! Eu tinha vindo aqui para realizar algo grandioso e eu tinha sorte, porque a minha missão aqui na Terra era muito melhor do que tudo que eu poderia sonhar.

Hoje, já atendemos inúmeras crianças, que não só ganham uma prótese, mas que também serão mantidas até completarem a maioridade. E, claro, todo o lucro obtido com a venda deste livro vai direto para o Instituto Paola Antonini.

Agradecimentos

DESDE PEQUENA UM DOS GRANDES PRAZERES da minha vida é escrever. Escrever sempre foi o meu refúgio, o momento onde eu mais me conectava comigo mesma e me conhecia a fundo. Minhas páginas de caderno conheceram a Paola que ninguém conheceu: as sensações, sentimentos, medos, inseguranças. Mas aquelas mesmas páginas também vivenciaram sentimentos lindos e que talvez tenham ficado ocultos: amores, desejos e sonhos. Quando pequena, tive textos em jornais de colégio e já ganhei até concurso de redação. Sempre tive o grande sonho de ser escritora, mas jamais imaginei que escreveria um livro nessas circunstâncias. E como sou grata por isso! Foi muito melhor do que eu poderia imaginar!

Na escrita eu encontrei uma forma de falar de sentimentos, de me expressar com clareza e emoção. E por mais desafiador que tenha sido essa experiência de escrever o meu primeiro livro, sem dúvidas coloquei o meu coração aqui e me abri como talvez nenhuma pessoa tenha me visto me abrir antes. Mas para chegar nesse ponto com o meu livro escrito e pronto, houve pessoas incríveis que fizeram parte da minha trajetória, diretamente ou indiretamente, às quais quero agradecer agora.

Sou eternamente grata a Deus pela chance de estar aqui e ainda viver tantos momentos lindos. Deus me deu um propósito de vida muito maior do que eu imaginaria, me deu a chance de realizar meus grande sonhos, a família mais linda e a oportunidade de mudar a vida de outras pessoas. Jamais serei capaz de mostrar o tamanho da minha gratidão por ter sido escolhida pra viver algo tão grandioso, mas ao mesmo tempo enxergar com clareza a parte mais valiosa da minha vida.

Agradeço à minha mãe, minha grande parceira de vida. Ela que sempre me encorajou a chegar em lugares que jamais imaginei e me fez acreditar que eu seria capaz de realizar feitos que nem eu mesma acreditava. Minha mãe sempre me mostrou o amor em atitudes e cuidados e me possibilitou ter a infância e a vida que sempre sonhei. Ela sempre foi a melhor companheira de tudo nessa vida: de viagens até internações no hospital. Não me imagino passando por tudo isso sem ela ao meu lado e sei de verdade que temos uma ligação de alma muito forte e que vai além dessa vida.

Agradeço ao meu pai por ter me ensinado muito sobre solidariedade, princípios e coerência. Ele sempre me dizia sobre a importância de vivermos com coerência com o que queremos para o nosso futuro. Me lembro de, quando pequena, ele sempre me falar: "Em briga de razão e coração, sempre escolha a razão". Antes nunca entendi isso e escolhia sempre seguir o meu coração. Hoje essa frase nunca fez mais sentido. Colocar a nossa racionalidade na frente pode sim muitas vezes ser a escolha certa.

Obrigada aos meus irmãos, Cris e Tadeu, por sempre terem estado ao meu lado e terem me mostrado o verdadeiro sentido de companheirismo, amizade e cuidado. Tive sorte de desde a infância ter pessoas tão maravilhosas ao meu lado e ter tido exemplos tão fortes de companheirismo. Obrigada por terem estado ao meu lado nos melhores e piores momentos, pela paciência e por sempre fazerem tudo parecer mais leve.

À Fê, minha melhor amiga, por nunca ter me deixado me sentir um "peixinho fora d'água" sozinha. Sempre que senti que não me encaixava nesse mundo ou que nada fazia sentido, ela me mostrava que eu não estava sozinha. Obrigada por me acolher, por cuidar de mim e por me mostrar que há muitas formas de ver e viver a vida. Obrigada por ser a irmã que eu não tive, pelas nossas trocas lindas sobre espiritualidade, sobre o sentido da vida e sobre assuntos que eu só conversaria com você. Tenho sorte de ter tido desde os meus catorze anos uma amiga como você.

Ao Fabricio, que foi essencial para a minha reabilitação e acreditou em mim antes de tudo acontecer. Ele não só é meu protesista e cuida das minhas próteses desde que sofri a minha amputação, mas também se tornou um grande amigo, confidente e apoiador de todos os meus maiores sonhos.

Ao Arthur por me ensinar sobre amor genuíno. Sou grata por ter aprendido tanto com você, por ter crescido e por ter tido a chance de viver algo tão lindo e forte ao seu lado. Agradeço a Deus por ter sido você ao meu lado no acidente, por ter começado a namorar você doze dias antes do acidente e ter tido uma pessoa com o melhor coração do mundo ao meu lado. Nada teria sido da mesma forma se não fosse você. Estaremos sempre juntos, de uma forma ou de outra, e para sempre teremos essa ligação inexplicável. E quero agradecer também à sua mãe, Rosângela, por além de minha fisioterapeuta ter sido uma conselheira, amiga e ter cuidado tanto de mim. Obrigada por ter me feito voltar a ser a "antiga" Paola: alegre, leve, confiante e coerente.

Ao meu Tio Edson e Tarita por todo o cuidado comigo desde pequena, mas principalmente depois do acidente. Jamais me esquecerei do mês em que morei na casa deles e de todas as tardes com pães de queijo e filmes. Obrigada por sempre cuidarem tão bem de mim.

Aos meus avós: Cid, Myres e Geraldo, que não estão mais aqui, e Desy, minha avó que me ensina tanto sobre a vida e sobre espiritualidade. Já te disse que te acho a pessoa com mais poderes que já conheci e acho que peguei muito desse meu lado místico de você. Que sorte a minha!

Ao Gui, meu editor, pela paciência e carinho durante o meu tempo de escrita, que por mais desafiador que tenha sido, foi uma das experiências mais incríveis que já me arrisquei a fazer, sendo sem dúvidas um dos momentos em que mais me conheci de verdade.

A todos os meus queridos amigos pelos ensinamentos diários e apoio, principalmente às minhas vps, que são minhas companheiras desde o colégio e foram muito importantes na minha vida. Aprendo diariamente com vocês, com nossos jeitos diferentes, mas ao mesmo tempo tão complementares.

Aos meus cães e companheirinhos de vida: Buddy, Lolla e Panda. Obrigada por me fazerem valorizar os pequenos momentos da vida, como os que estamos todos deitados na cama. Olho sempre para o céu e agradeço pela vida de vocês três. Vocês me ensinaram coisas que ser humano nenhum seria capaz, como o amor mais genuíno e puro que já vi. Meu amor por vocês me fez amar ainda mais os animais e querer viver em um mundo em que eles vivam livremente e felizes.

À Simone e Cristina, minhas terapeutas que me mostraram a importância de eu cuidar da minha saúde mental, me fazerem conhecer as minhas sombras e estarem ao meu lado na minha evolução pessoal.

E por último agredeço a cada pessoa que acreditou em mim, torceu por mim e esteve ao meu lado. Eu sempre senti toda essa energia e só estou aqui por isso. Por todos que passaram por mim e deram um sorriso, por todos que me falaram palavras de afeto e carinho quando me viram e por toda a força que sempre me deram, desde que saí da minha cirurgia. Há muito por trás da história de cada pessoa, e sem dúvidas cada um que cruzou o meu caminho fez ele ser lindo e especial como é. Obrigada!